Jeden Tag den Tod vor Augen

D1924134

SERIE PIPER

Zu diesem Buch

Der grausam Ermordete, das bei einem Verkehrsunfall schwer verletzte Kind, das Geiseldrama in einer Bank: Viele kennen diese Bilder nur aus dem Fernsehen. Doch für Polizisten gehören sie zur täglichen Herausforderung. Jedes Jahr werden 700 Polizisten bundesweit durch Angriffe schwer verletzt oder getötet. Wie gehen Polizisten mit dem Anblick verstümmelter Leichen und der Bedrohung des eigenen Lebens um? Volker Uhls Internet-Projekt »Polizei-Poeten« animierte viele Polizisten dazu, über ihre Arbeit zu schreiben. In lebensnahen, authentischen Geschichten berichten sie von ihren Erlebnissen und zeigen sich als Menschen, die andere leiden und sterben sehen, weil es ihr Beruf mit sich bringt. Entstanden aus dem Internet-Projekt »Polizei-Poeten«, mit eindringlichen Bildern der Fotoreporterin Suzanne Eichel – ein erschütterndes Buch über eine für viele verschlossene Welt.

Volker Uhl ist Kriminalhauptkommissar und stellvertretender Leiter der Koordinierungsstelle für Konflikthandhabung und Krisenmanagement an der Akademie der Polizei Baden-Württemberg in Freiburg. 2002 rief er das Internetprojekt »Polizei-Poeten«, eine deutschlandweite Plattform für Polizisten, ins Leben. 2005 erschien das erste von ihm herausgegebene Buch mit authentischen Polizistengeschichten: »Die erste Leiche vergisst man nicht«. Er lebt mit seiner Familie in der Nähe von Freiburg im Breisgau. Weiteres zum Internet-Projekt: www.polizei-poeten.de

Jeden Tag den Tod vor Augen

Polizisten erzählen

Herausgegeben von
Volker Uhl

Vorwort von
Maria Furtwängler

Mit siebzehn Fotos von Suzanne Eichel

Piper München Zürich

Von Volker Uhl herausgegeben, liegen bei Piper im Taschenbuch vor:
Die erste Leiche vergisst man nicht
Jeden Tag den Tod vor Augen

Auch dieses Buch ist all
den Menschen gewidmet,
die täglich ihr Bestes geben,
und im Gedenken an die Menschen,
die hierbei ihr Leben ließen.

FSC
Mix
Produktgruppe aus vorbildlich bewirtschafteten Wäldern und anderen kontrollierten Herkünften
www.fsc.org Zert.-Nr. GFA-COC-1223
© 1996 Forest Stewardship Council

Originalausgabe
1. Auflage Dezember 2006
3. Auflage Januar 2008
© 2006 Piper Verlag GmbH, München
Umschlag/Bildredaktion: Büro Hamburg
Heike Dehning, Charlotte Wippermann,
Alke Bücking, Daniel Barthmann
Foto Umschlagvorderseite: Suzanne Eichel
Foto Umschlagrückseite: Suzanne Eichel
Satz: EDV-Fotosatz Huber/Verlagsservice G. Pfeifer, Germering
Papier: Munken Print von Arctic Paper Munkedals AB, Schweden
Druck und Bindung: Clausen & Bosse, Leck
Printed in Germany ISBN 978-3-492-24784-9

www.piper.de

Inhalt

Vorwort
von Dr. Maria Furtwängler 9

Wie alles weiterging
von Volker Uhl 13

Die Nacht, in der es Kinder regnete
von Jörg Hofer, Heidelberg 23

Ungutes Gefühl
von Janine Binder, Köln 27

Frühlingssonne
von Andreas Kunz, Stuttgart 30

Ist doch nur ein Hund
von Elmar Heer, Nürnberg 38

Unwirkliche Wirklichkeiten
von Ingo Wünsch, Düren 44

Angst ist eine einsame Insel
von Ulrich Hefner, Tauberbischofsheim 51

Wie einen Angehörigen verlieren
von Frank Bartel und Volker Uhl, Ludwigsburg 58

Um Haaresbreite
von Hans-Jochen Köpper, Titisee-Neustadt 64

Fast daheim
von Hartmut Wolf, Stuttgart 68

Nicht mal drei Sekunden
von Werner Stotz, Ludwigsburg 73

Razzia
von Volker Uhl, Ludwigsburg 74

Die Dealerin, die Tochter, der Vater
von Jörg Schmitt-Kilian, Koblenz 81

Auf Leben und Tod
von Rüdiger Kucklick, Hamburg 87

Der Härtetest
von Helmut Welz, Göppingen 94

Machtlos
von Tanja Woike, Essen 96

Persönliches Restrisiko
von Markus Scherzer, Göppingen 100

Rico
von Kathrin Jahn, Nienburg 107

Ausgehaucht
von Vera Pütz, Köln 111

Die Kampfmaschine
von Michael Birkhan, Bremen 115

Der Schulranzen
von Lothar Riemer, Freising 121

In was für einer Welt leben wir eigentlich
von Volker Uhl, Ludwigsburg 123

Annas Fassade
von Markus Bressler, Stuttgart 129

Die falsche Antwort
von Detlef Ehrike, Hannover 135

Schweben
von Janine Binder, Köln 140

Seitenwechsel
von Volker Uhl, Ludwigsburg 145

Der blutige Schlüssel
von Elmar Heer, Nürnberg 153

Berliner Fenstersturz
von Uwe Hartig, Berlin 161

Das Fest der Liebe
von Jasmin Brunner, Offenbach 168

Der Falschgelddepp
von Volker Uhl, Ludwigsburg 173

Katharina
von Katrin Löffler, Stuttgart 183

Sommertage
von Matthias Schmitt, Hannover 190

Gangtreffen
von Thiess Kuhlmann, Hamburg 198

Zu Gast bei Freunden
von Peter Willers, Geesthacht 204

Drei Freunde
nacherzählt von Volker Uhl, Ludwigsburg 208

Straßenkreuze
von Kendy Scharein, Böblingen 211

Epilog
Brief des Bundespräsidenten 213

Autorenverzeichnis 215

Wichtige Internetadressen 219

Danksagung 220

Vorwort von Dr. Maria Furtwängler

Tatort-Kommissarin Lindholm & die Polizei-Poeten

Ich weiß noch genau, wo ich in unserem Garten saß, als ich begann, dieses Buch zu lesen. Der Sommer hatte gerade begonnen, der Himmel war strahlend blau, das ganze Land ein WM-Freudentaumel.

Und dann die erste Geschichte: »Der Tag, an dem die Kinder vom Himmel fielen.« Die Tragödie der Tupolev am Bodensee, bei der mehr als 50 Kinder ums Leben kamen. Plötzlich war alles andere weggewischt. Es gab nur noch die Erzählungen der Kollegen, der *echten* Polizisten, die jeden Tag das erleben, was ich als Charlotte Lindholm im »Tatort« nur spielen muss.

Geschichten von Menschen, Polizisten, und ihrer Konfrontation mit dem Tod. Es kann 10 oder 20 Jahre her sein – der Abgrund scheint sich nie wirklich zu schließen. In jeder Geschichte fühlt man ihren Schmerz, spürt ihre Seele.

Auch wenn ich in München bei der Kripo zur Vorbereitung für meine Rolle als Kommissarin war, auch wenn ich weiß, dass die Leute dort ganz anders sind als man sie sich vorstellt: Erst durch dieses Buch habe ich wirklich verstanden, was es heißt, auch in unserer scheinbar so sicheren Welt jeden Tag den Tod vor Augen zu haben, und dass jede dieser Erfahrungen tiefe Spuren hinterlässt. Es hat meinen Blick auf die Arbeit der Polizei verändert.

So wie die Arbeit für »Ärzte für die dritte Welt« mein Problembewusstsein an eine komplett andere Stelle gerückt hat. Mit jeder Geschichte, in der das Ausmaß menschlichen Leides eine Rolle spielt, wird man dünnhäutiger, irgendwann liegt die Seele blank. Das ist in Indien so, in Afrika, Bangladesch – und auch hier in Deutschland.

Wie bei dem Samurai in »Frühlingssonne«, der in Stuttgart mit seinem Schwert gleich auf eine ganze Menschenmenge losging. Wie mutig muss man sein, um einem solchen Amokläufer gegenüberzutreten, der schon diverse Menschen verletzt oder sogar getötet hat?

Da ist die Polizistin in »Machtlos«, die ein einjähriges Kind fast nackt und von seiner Mutter verlassen in einem Ställchen in der Wohnung findet, umgeben von stinkenden Müllbergen. Mit unserem »Bündnis für Kinder gegen Gewalt« versuchen wir genau gegen solche und viele andere grausame Familiensituationen anzugehen, aktive Hilfe anzubieten, die Kleinen zu schützen. Aber die ganze Ohnmacht der Situation, wie sie Polizist(inn)en in einem solchen und vielen anderen Augenblicken empfinden, wurde mir erst bewusst, als ich diese Geschichte las.

Oder wie sich eine Frau und Kollegin in »Ungutes Gefühl« fühlt, die eines Tages beim Bügeln ein Loch von einer Kugel im Hemd ihres Mannes entdeckt und plötzlich begreift, dass sie ihn um ein Haar verloren hätte. Und nur daran, dass er sie regelmäßig nachts im Dienst anruft, gibt er seine Angst zu erkennen.

Eine junge Frau wird missbraucht, und die Polizisten, die sie gerade noch rechtzeitig retten, können ihr eigenes Leben kaum vor dem rasenden, völlig durchgedrehten Täter in Sicherheit bringen.

Ein Mensch sprengt sich in der Heiligabend-Messe in die Luft und reißt die Betenden in den Tod, und eine noch ganz junge Polizistin steht frierend in der Nacht und versucht das zu sichern, was man im Leben so oft nicht sichern kann.

Ich war zutiefst erschüttert, als ich von dem kleinen toten Mädchen las, das ein Kommissar unter der letzten Decke im Bettkasten des 14-jährigen Täters übersehen hat … und von seinem ohnmächtigen Schmerz darüber, der ihn bis heute verfolgt.

Oder von dem Vater, der seine Frau und eines seiner Kinder erschoss … Als ich zum ersten Mal verstanden habe, wie es für einen Polizisten sein muss, zu den Großeltern zu gehen und ihnen von einer solchen Tragödie zu berichten. Einer echten unabänderlichen Tragödie, bei der die Scheinwerfer niemals ausgehen, und der Film auch nie zu Ende sein wird.

All diese Geschichten sind Realität, Fakten, mit denen Polizistinnen und Polizisten jeden Tag fertig werden, sie verarbeiten und neuen Mut entwickeln müssen. Sie gehen uns alle an. Dieses Buch geht uns alle an, denn was dort geschieht, geschieht mitten unter uns.

Die Arbeit, die Volker Uhl mit seinen Polizei-Poeten ins Leben gerufen hat, ist ein Stück Hoffnung und ein Schritt zur Heilung solcher Eindrücke. Zum ersten Mal kommen Polizisten zu Wort, die jemandem das Leben nehmen mussten, um ihr eigenes oder das der Opfer zu retten. Was für eine Entscheidung!

Dass wir nachts in diesem Land gut schlafen können, verdanken wir solchen Polizeibeamten, wie sie in diesem Buch auftauchen. Für einen kurzen Augenblick gewähren sie uns Einblick in das, was sie, auch um unsretwillen, riskieren und ertragen. Dafür verdienen sie unsere Achtung und unseren Dank.

Die Wahrheit ist immer die größte Geschichte.

Wie alles weiterging

von Volker Uhl, Ludwigsburg

»Trauerflor für die Streifenwagen ist angeordnet!«

Gestern war es wieder so weit – das Innenministerium schickte eine Mail an alle elektronischen Postkörbe in den Polizeidienststellen. Ein Kollege hatte im Dienst sein Leben verloren. Wieder in Berlin, unserer Hauptstadt, in der dieser Job gefährlicher zu sein scheint als in meiner barocken Kleinstadt oder der schwäbischen Gemütlichkeit Stuttgarts.

Uwe Lieschied war der Name hinter dem Trauerflor. Er wurde bei einer Personenkontrolle von zwei Tätern erschossen, die zuvor einer älteren Frau die Handtasche geraubt hatten. Einfach so.

Gibt es harmlose Kontrollen? Wahrscheinlich genauso wenig, wie sonnige Sonntagmorgen, die Ruhe und wenig Arbeit versprechen. Tausendfach halten wir täglich Autos an, führen Verkehrskontrollen durch, werden zu Streitereien in Wohnungen gerufen, überprüfen hunderte von Ladendieben, und meist passiert nichts. Harmlose Kontrollen eben. Genauso harmlos wie der Gifttrunk in der Wasserflasche … solange man ihn nicht an den Mund führt.

Die Eigensicherungsregeln wurden uns in der Ausbildung eingebläut. Wir mussten sie auswendig lernen, wie einst die Mitternachtsformel der quadratischen Gleichung: x eins zwei gleich Minus b plus minus Wurzel aus b Quadrat geteilt durch irgendwas …

»Wenn ich euch nachts um drei wecke, muss das sitzen. Ihr müsst sie täglich befolgen. Es geht um euer Leben und das eures Streifenpartners.« Ich höre noch heute die Stimme meines Ausbilders.

»Führe deine Waffe immer mit, halte sie griffbereit. In der Routine lauert Gefahr, sei misstrauisch.« Zwei der wichtigsten Bestandteile unserer Überlebensformel. Weit mehr von Nutzen als seitenlanges Auswendiglernen einschlägiger Paragrafen der Straßenverkehrszulassungsordnung, die sich mit der Zulassungsfreiheit verschiedener Fahrzeuge und Anhänger befassen. Ob es nun die selbst fahrende Arbeitsmaschine mit einer bauartbedingten Höchstgeschwindigkeit (bbH abgekürzt) von 6 km/h, der eisenbereifte Möbelpackwagen oder der Anhänger zur Bekämpfung des Kartoffelkäfers war – wir paukten sie alle, wussten, dass gemäß der StVO das Fahrradfahren auf Helgoland verboten war. Wir lernten, dass Straftaten verfolgt werden müssen, und dass wir bei Ordnungswidrigkeiten ein Auge zudrücken dürfen, wenn zum Beispiel das Zeichen 295, die durchgezogene Linie, überfahren wurde.

Am längsten jedoch war die Vorschrift über den Schusswaffengebrauch, den wir nur androhen dürfen, wenn die Voraussetzungen zum Schießen vorliegen.

Nur keine Bedrohungsszenarien bei Verkehrskontrollen durch die gezogene Pistole. Jedes Waffeziehen, jedes Vorzeigen des Schlagstockes, Hiebwaffe im Gesetzesdeutsch genannt, jedes Anlegen von Handschließen, selbst Gespräche zur Informationsbeschaffung, die über ein »Guten Tag« hinausgehen, sind gesetzlich geregelt. Und selbst welche Zwangsmittel wir im Falle des Falles anwenden und einsetzen dürfen, regelt der Erlass über den unmittelbaren Zwang.

Diese Paragraphen schützen uns im täglichen Einsatz und den Bürger vor unangemessenen Übergriffen seiner Polizei. Und so soll es auch sein und bleiben. 1 000 Jahre brauner Willkür haben sich zu sehr in unser Gewissen eingebrannt.

Wovor sie nicht schützen, schon gar nicht die Seele, ist die Brutalität der Worte, Gesten, Unverschämtheiten, Pöbeleien.

»Gib doch zu, dass es dich geil macht, wenn Du einem die Handschließen anlegst und fest zudrückst,« schrieb ein offensichtlicher Fan von Marquis de Sade unlängst ins

Gästebuch der Polizei-Poeten, während er gleich darauf betonte, dass er ja auch Gefühle hätte.

Ja, ich finde es geil zu leben, und wenn ich dafür einem Handschließen anlegen muss, dann tue ich es. So wie neulich Marcel, der morgens um sechs bei einer Wohnungsdurchsuchung, einer harmlosen natürlich, sich um ein Haar von dessen Bewohner einlullen lies. Der Typ saß am Küchentisch, darauf jede Menge Tüten mit Rauschgift. Marcel hatte ihm bereits Handschellen angelegt, was eigentlich sicher ist und die Durchsuchung eben wieder zu einer harmlosen, täglichen Angelegenheit werden lässt. Doch *Vorsicht, in der Routine lauert Gefahr. Sei misstrauisch!*

»Kann ich mir einen Espresso machen? Sie haben doch nichts dagegen, oder? Ich bin doch gefesselt.« Er zeigte seinen Armschmuck, um seine Harmlosigkeit zu unterstreichen und lief zum Küchenschrank.

»Stop!«, brüllte Marcel, als der Festgenommene die Dose mit dem Kaffeepulver bereits in den Händen hielt.

Marcel nahm ihm die schwarze Dose aus der Hand. Er hob den milchigen Plastikdeckel mit dem rechten Daumen an und war nur wenige Zentimeter vom Griffstück des Derringers entfernt. Ein zweischüssiger Ladykiller, ein doppelter Witwenmacher.

»Ihr habt nicht für die Schule, sondern für das Leben gelernt. Und das Leben, da draußen,« unser Ausbilder zeigte mit ausgestrecktem Arm Richtung Kasernentor, »die Welt da draußen, wird eure beste Schule werden.« Mit diesen Worten und dem Abschlusszeugnis der 18-monatigen Grundausbildung wurden wir in den Streifendienst, zur richtigen Polizei, nach draußen versetzt.

Meine Mutter sorgte sich um mich. Dabei umfasste mein Revierbereich doch nur diese friedlich-ländliche Idylle, wo sich Fuchs und Hase Gute Nacht sagen. Ab und zu ein betrunkener Autofahrer oder Ede, nach dem Einbruch in die Feldscheune, vorbeihuschte, während die Waldbewohner auf der Hut sein mussten, nicht vom Wilderer erschossen zu werden.

»Auf dem Bau fallen doch viel mehr Leute vom Gerüst!«, beruhigte ich sie, was natürlich nicht ganz den tatsächlichen Begebenheiten entsprach, und was trotz meiner unschuldigen Miene die sorgenvollen Blicke und Stirnfalten meiner Mutter nicht wirklich ausbügelte.

Oma war da wesentlich praktischer. Sie strickte mir ein Paar Fingerhandschuhe, bei denen sie die Kuppen von Daumen, Zeige- und Mittelfinger freiließ.

»Die haben wir unseren Männern auch gestrickt, als sie an die Ostfront zogen.«

Sie wärmten mir lange Jahre die winterkalten Hände bei der Aufnahme von Verkehrsunfällen.

Zwei Wochen vor der Buchpremiere von »Die erste Leiche vergisst man nicht«, dem ersten Buch der Polizei-Poeten, betrat ich Pauls Laden. Ich wollte seiner Witwe mitteilen, dass ich über Pauls Tod in meinem Buch geschrieben hatte.

Sie stand gebeugt hinter der hüfthohen Kassentheke. Ich drückte die Tür zum Laden auf, ließ die Zeitungsregale rechter Hand liegen, vorbei an den Kosmetikartikeln und den Konserven bog ich am Ende des Ganges links ab. So wie in meiner Kindheit standen an der Stirnseite noch immer die Kühltheken. Rechts der Käse und die Aufschnittswurst.

An der Kasse musste ich warten. Sie erblickte mich, erkannte mich gleich wieder.

»Herr Uhl, wie geht es Ihnen?«

Wir unterhielten uns. Ihre Augen hatten eine jugendliche Frische.

Ihre Mitarbeiterin gesellte sich zu uns, während ein Kunde ein Kilo Bananen für die Gesundheit, der andere zwei Flaschen französischen Landwein gegen seinen Kummer kaufte.

Unser Gespräch bewegte sich tastend an der Oberfläche der Ladentheke entlang. Das Bonbonglas, das ich kannte, stand dort nicht mehr. Ein kleiner Junge kaufte zwei Rollen Haushaltskrepp für 1,89 Euro. Pauls Witwe gab dem Buben nach dem Zahlen ein paar Weingummi-Kirschen aus der runden Plastikdose, die in Griffnähe im Regal stand.

Dann beugte sie sich über die Verkaufstheke und flüsterte mir zu:

»Nächste Woche werden es 24 Jahre, seit das mit meinem Mann war. Sie waren doch auch dabei.«

»Ja, ich weiß. Ich habe es nie vergessen.«

Ein Kunde kam dazwischen. Ich konnte ihr nichts vom Buch mit meiner Geschichte von Pauls Tod erzählen. Ich versprach, zurückzukommen. Gegen halb sieben fuhr ich erneut zu ihrem Laden, sah aber, dass sich mehrere ältere Damen dort versammelt hatten.

Ich schrieb ihr einen Brief. Schrieb von Kindheitserinnerungen mit ihrem Mann und von dem Buch. Berichtete von meiner Sorge, dass ich mich nach so langer Zeit vielleicht zu weit in ihr Leben, in ihre Erinnerungen, einmische. Dies war nicht der Fall, schrieb sie, nachdem sie das Buch gelesen hatte, ebenfalls in einem Brief.

Werde ich von den Toten, den Leidenden, den Verbrechern gefragt, ob sie sich in mein Leben einmischen dürfen? Nein, aber sie dürfen das. Dafür bin ich da. Nur in meinen Träumen und Gedanken haben sie nichts zu suchen. Doch das ist leichter gesagt als getan: den Dienst mit der Uniformjacke an den Haken im Umkleideraum des Polizeireviers zu hängen.

»Wieso schreiben Sie so schreckliche Sachen?«, wurde ich auf einer Lesung gefragt.

Weil die Welt, in der wir leben, sich aus vielen Dingen zusammensetzt, Freude und Leid eingeschlossen. Nach meiner Erfahrung als Polizist, und auch als Vater, wird die Tiefe unseres Daseins dadurch bestimmt, wie bereitwillig wir der Wahrheit ins Gesicht schauen wollen. Ich musste selbst lernen, dem Leid gegenüberzutreten. Und wenn ich ehrlich bin, habe ich erst durch das Schreiben zu genau der

Offenheit und Verletzlichkeit gefunden, die ich sonst in meinem Leben allzu oft verstecke. Und so schreibe ich weiter, von dem, was ich sehe, höre, rieche und fühle.

Und trotzdem, die Realität unseres Berufes hinterlässt Dornen in unserer Seele. Wir können nur dann eine Sache wirklich hinter uns lassen, wenn wir durch sie hindurchgehen und nicht um sie herum.

Um 18 Uhr kam die Meldung mit dem Stichwort »Bahnleiche«. Drei Silben, die den Einsatz der Kripo erfordern.

Hanna, die 26-jährige Kollegin meiner Bereitschaftsgruppe, meinte, dass dies ihre erste Bahnleiche wäre. Ich gab ihr Michael, einen erfahrenen Kollegen zur Seite. Draußen war es saukalt. Minus zehn Grad.

»Was ist, wenn mir schlecht wird?«

»Dann wird dir schlecht.«

»Was ist, wenn ich spucken muss?«

»Dann spuck halt, es ist völlig normal, kämpf nicht dagegen an.«

»Muss ich die Teile einsammeln?«

»Nein, das machen die Kollegen der Bahnpolizei bzw. der Bestatter«, erklärte Michael knapp.

»Wichtig ist, vom Zugführer zu erfahren, ob die Person vor den Zug lief oder zwischen den Gleisen stand. Wenn sie zum Beispiel in der Dunkelheit schon auf den Gleisen liegt, dann wissen wir nicht, ob sie vielleicht bewusstlos oder bereits tot dort abgelegt wurde. Ein weiteres Problem ist oft die Identifizierung«, ergänzte ich.

Hanna und Michael fanden in der Hosentasche des jungen Mannes einen Schlüsselbund mit einem Autoschlüssel für einen Opel Corsa. Das passende Auto parkte nicht in der Nähe.

Gegen 21.15 Uhr klingelte das Telefon auf unserer Dienststelle. Ein mir bis dahin nicht bekannter Kollege hatte bei unserem Lagezentrum angerufen. Er meldete seinen Sohn als vermisst. Er hätte am Nachmittag seinen Suizid angekündigt und wäre dann im Corsa davongefahren.

Für einen Augenblick ist es jedes Mal wieder, als ob mein Herzschlag einen Moment lang aussetzt. Als Michael und Hanna einen der Schlüssel in die Haustür der vom Vater angegebenen Adresse steckten, wurde die Ahnung zur Gewissheit. Die Fotos, die sie fanden, ließen keine andere Deutung mehr zu.

Die Todesnachricht wurde dem Vater von seinem Vorgesetzten überbracht. Wir boten an, dass der Vater noch in derselben Nacht zur Identifizierung kommen könnte. Wir würden warten, auf jeden Fall. Ein Kollege war betroffen. Sein Kind hatte sich umgebracht.

Der Vater beschloss, erst am nächsten Morgen zu kommen.

»Ich werde auf jeden Fall morgen früh Fotos vom Gesicht machen. Vielleicht reichen die zur Identifizierung«, erklärte Michael sich bereit.

Ich rief Hanna am nächsten Tag gegen Mittag an.

»Wie geht's dir?«, fragte ich sie.

»Ich konnte nur wenig schlafen, mir ging zu viel im Kopf rum.«

»Wie lief die Identifizierung?«, fragte ich.

»Michaels Fotos reichten aus. Sie haben ihren Sohn darauf wieder erkannt. Wenigstens den Gang in die Leichenhalle konnten wir ihnen so ersparen.«

»Und sonst …?«, fragte ich weiter.

»Die Mutter fragte mich, wie alt ich denn sei. Als ich ihr mein Alter nannte, wusste ich, wieso sie mir die Frage stellte: Da steht eine junge Frau vor ihr, die genauso alt ist wie ihr Sohn – mit dem Unterschied, dass ich lebe. Ich hatte Tränen in den Augen, als ich den Eltern mein Beileid aussprach. Michael ging es genauso«, antwortete Hanna.

Sie schien sich fast ein wenig dafür zu schämen.

»Das ist gut so. Deine Tränen zeigen, dass du menschlich geblieben bist. Schlimmer wäre es, so etwas ginge völlig spurlos an dir vorbei«, ermutigte ich sie.

Wir können die Probleme unserer Gesellschaft nicht lösen, und dennoch legen wir die Hände nicht in den Schoß.

Ich weiß, dass wir im Kleinen, bei der Begegnung zwischen Bürger und Polizei, etwas bewirken. Und das gibt unserem Handeln den befriedigenden Sinn.

So wie unlängst bei Tobias, der an einer Haustür klingelte, um der Familie mitzuteilen, dass der Vater vor zwei Stunden bei einem Arbeitsunfall ums Leben gekommen war. Die Ehefrau öffnete freudestrahlend. Sie rechnete mit ihrem Mann, der zum Geburtstagskaffee der kleinen Tochter erwartet wurde. Die Kinder, Oma, Opa und weitere Verwandte waren bereits im Wohnzimmer versammelt. Der Tisch war gedeckt. Bunte Luftschlangen und Ballons tanzten um die Lampe. Auf dem Kuchen brannten acht Kerzen. Als Tobias die Todesnachricht, diese endgültigen Worte, übermittelt hatte, schlug die Ehefrau ihren Kopf gegen die Wand und schrie »Nein, nein, nein …« Weder der Notfallseelsorger noch die Verwandten reagierten. Tobias nahm sie rasch in den Arm und drückte sie fest an seine Brust. Sie legte ihren Kopf an seine Schulter und ließ ihren Tränen freien Lauf.

Es ist wichtig, dass wir unser Innenleben angesichts all des Leids und der seelischen Herausforderungen schützen.

Doch noch wichtiger ist der Schutz unseres eigenen Lebens. Eine gute Aus- und Fortbildung, hervorragende technische Ausstattung, körperliche Fitness, Wachsamkeit und das Vertrauen in unsere Streifenpartner helfen uns dabei.

Doch können wir wissen, dass der Schwarzfahrer unter seiner Zeitung einen Dolch mitführt, den er rücksichtslos einsetzt? Oder dass der gemeldete Wildunfall sich als ein Hinterhalt herausstellt? Dass der als hilflos gemeldete Hausbewohner den Polizisten mit dem Pfeil einer Armbrust, mitten in die Brust, empfängt? Können wir ahnen, dass der Geiselnehmer es nur darauf anlegt, durch die Polizei erschossen zu werden und es ihm egal ist, wen er vorher noch mit in den Tod nimmt? Können wir die Kugel voraussehen, die uns nach dem Klingeln an der Wohnungstür entgegenfliegt, oder die durchs Fenster in eine Gaststätte abgefeuert wird und den Kollegen bei der Spurensicherung tödlich trifft? Müssen wir damit rechnen, dass bei einer Durchsuchung der Täter jede Schranktür mit einer Sprengfalle versehen hat, die dem Beamten beim Öffnen die Hände weggerissen hätte? Ja, mit so was müssen wir immer rechnen. Leider.

Sicherlich können wir Risiken minimieren. Aber mit einem gewissen Restrisiko müssen wir leben. Und oftmals scheint das Spiel von Glück und Pech darüber zu entscheiden, ob wir am Ende des Dienstes unsere Kinder, unsere Partner wieder in die Arme schließen können.

Heldentum ist dabei nicht gefragt. Es ist mehr das Festhalten an Prinzipien, wie sie zum Beispiel im Leitbild der baden-württembergischen Polizei festgelegt sind. »Für uns steht der Mensch im Mittelpunkt«, »Recht und Gesetz bestimmen unser Handeln« und »Unser Dienst erfordert den ganzen Menschen«.

Nach dem Erscheinen unseres ersten Buches »Die erste Leiche vergisst man nicht« erhielt ich viele ermutigende Zuschriften, die sich für unseren Einsatz bedankten.

Bundespräsident Köhler stellte fest, dass es *»ein wichtiges Buch«* ist, *»das den Blick auf den Menschen in der Uniform des Polizeibeamten richtet.«* Ministerpräsident Oettinger bezog sich auf den Satz »Unser Dienst erfordert den ganzen Menschen«: *»Wer ihr Buch gelesen hat, weiß warum.«*

Kolleginnen und Kollegen wurden an eigene Erlebnisse ihrer Dienstzeit erinnert, viele wurden zum Schreiben *ihrer Geschichte* animiert. Mittlerweile befinden sich über 100 Autoren auf der Webseite der Polizei-Poeten.

Über 130 Polizisten aus Deutschland, Österreich und der Schweiz beteiligten sich an diesem Buch, um die Erfolgsgeschichte fortzuschreiben. Doch während bei unseren Einsätzen kein Zeitlimit existiert, ist der Platz zwischen diesen beiden Buchdeckeln begrenzt; aus der Fülle der Einsendungen musste eine Auswahl getroffen werden, die beschreibt, welchen Gefahren, welchen Herausforderungen und welchem Leid wir in unserem Beruf begegnen. Geschichten, die zeigen, mit welchem Einsatz die Polizei 24 Stunden am Tag zu Ihrem Schutz da ist.

Der Trauerflor für Uwe Lieschied erinnerte uns an diese Gefahren und Risiken, denen wir im täglichen Dienst ausgesetzt sind. Nach einigen Tagen wurde das schwarze Stück Stoff von den Antennen unserer Streifenwagen abgenommen.

Die Trauer in unseren Herzen wird bleiben.

Ich entschloss mich vom Standpunkt meiner eigenen Erfahrungen zu schreiben, von dem, was ich wusste und was ich fühlte. Und das war meine Rettung.

Henry Miller, Schriftsteller (1891 – 1980)

Die Nacht, in der es Kinder regnete

von Jörg Hofer, Heidelberg

Das makellose Blau des Himmels wird durch einige zarte, weiße Pinselstriche hervorgehoben. Das Weiß der Wolken wiederholt sich in den Dreiecken zahlloser Segelboote, die die glitzernde Oberfläche des Bodensees durchschneiden. Vom Ufer klingt der fröhliche Lärm des Badebetriebs bis hinauf zu den Wäldern und Feldern oberhalb von Überlingen.

Zwei Reisebusse zwängen sich dort die enge und kurvenreiche Straße hinauf – eine Straße, deren Verlauf immer wieder von Polizeisperren unterbrochen und von Journalisten aus aller Welt gesäumt ist. Ich sitze im vorderen der beiden Busse und fühle mich beklommen angesichts der angespannten Stille. All die leisen Unterhaltungen verstummen mehr und mehr, je näher wir unserem Ziel kommen. Dass wir es schließlich erreicht haben, registriere ich zunächst anhand des unüberschaubaren Aufgebots an Übertragungswagen internationaler Fernsehgesellschaften, die ihre Parabolantennen in den Sommerhimmel gerichtet haben. Hunderte von Fernseh-, Video- und Fotokameraobjektiven sind auf die beiden Busse gerichtet, die an der Abzweigung eines Feldweges anhalten.

Hinter mir schreit eine Frau auf, ein Schluchzen geht durch die Reihen. Mein Blick richtet sich auf die den Journalisten abgewandte Straßenseite – und ich sehe zum ersten Mal das, weshalb wir gekommen sind.

Etwa 500 Meter abseits der Straße hat sich das Leitwerk einer russischen Tupolew TU-154M in ein Getreidefeld gebohrt und Teile davon durch Hitze und Aufprallwucht zu einem Stoppelfeld werden lassen. Drei Tage zuvor hatte das Schicksal die vier Dimensionen aus Raum und Zeit durcheinander gewürfelt und dafür gesorgt, dass am Nachthimmel über dem Bodensee zwei Flugzeuge in 12 000 Metern Höhe zusammenstießen – eine russische Passagiermaschine, die mit 52 Kindern und Jugendlichen sowie fünf erwachsenen Begleitern auf dem Flug in die Ferien war, und ein deutsches Frachtflugzeug. Insgesamt starben in dieser Nacht 71 Menschen – die 57 Passagiere ebenso wie die 14 Besatzungsmitglieder der beiden Maschinen – unversehens aus dem Leben und der trügerischen Sicherheit der zerbrechlichen Flugzeughülle heraus gerissen in einen in dieser Höhe über minus 60 Grad kalten Tod. Die Wucht des Sogs zerfetzte teilweise die Körper der Kinder, manche blieben angeschnallt in ihre Sitze gepresst, dem blanken Entsetzen entgegen trudelnd, bevor sie nach endlos langen Sekunden in Ohnmacht fielen. Das größte zusammenhängende Trümmerteil war auf das vor uns liegende Getreidefeld bei Überlingen gefallen.

Dorthin bewegt sich nun der wohl ungewöhnlichste Trauerzug, den diese Gegend je gesehen hat – Eltern, Geschwister, Angehörige der Getöteten, Ärzte, Seelsorger, Krisenmanager, Dolmetscher und schließlich meine Kollegen und ich: eine Handvoll Polizeibeamter, ausnahmslos Mitarbeiter von Pressestellen der verschiedensten Polizeidienststellen in Baden-Württemberg. Beamte, die erfahren sind im Umgang mit den Medien und die nur einen Auftrag haben: diesen Menschen, unbehelligt von Journalisten, einen würdigen Abschied von ihren Kindern zu ermöglichen.

Vorsichtig nähern sich die Trauernden dem Wrackteil, umkreisen es, berühren es – *jeder* will es anfassen, im wahrsten Sinne des Wortes be-greifen, was hier geschehen ist. Ich vernehme ein mehrstimmiges Summen und weiß es zunächst nicht einzuordnen – bis mir klar wird, dass es das Wimmern, das Schluchzen, das Weinen, die Klagelaute aus dutzenden von Kehlen gebrochener Menschen sind. Eine weibliche Stimme löst sich aus diesem Chor: »Igorjok! Igorjok! Igorjoschka ...« – »Mein Junge, mein Sohn, Söhnchen …« – die Mutter umkreist das Wrackteil: »Wo bist du? Wo? Was ist denn von dir übrig geblieben, du mein Igojotschek!« – Die Eltern liegen sich in den Armen, gestandene Männer weinen hemmungslos und auch mir stehen nach kurzer Zeit die Tränen in den Augen. Dies ist eine Dimension des Leids, der man sich nicht verschließen kann. Die einstmals verlässlichen Verdrängungsmechanismen meines Berufs versagen. Der Schmerz klebt brennend heiß in der Sommerluft und legt sich mir auf Herz und Seele.

Eine Frau hat sich auf einen Klappstuhl inmitten der Trümmer gesetzt, Fotos ihrer beiden toten Töchter in der Hand und wiegt sich stumm im Rhythmus ihrer Gedanken. Ein Vater steht am Leitwerk und schlägt Stirn und Faust gegen das kalte Metall, hebt den Blick immer wieder zum Himmel: Warum? Warum?

Eine junge Frau zündet sich eine Zigarette an. Ich gehe zu ihr, nehme sie ihr behutsam ab – sie schaut mich verständnislos an. Ich gestikuliere hilflos auf das zundertrockene Getreidefeld und einen kurzen Moment habe ich das Gefühl, dass ich zu ihr durchdringe, dass sie versteht. Dann wendet sie sich mit leerem Blick ab, lässt sich auf die Knie nieder und füllt Erde in ein mitgebrachtes Einmachglas. Eine andere Mutter pflückt einen Strauß Ähren, die Männer sammeln kleinere Trümmerteile ein, die hier überall verstreut liegen – Symbole, Rituale, um dem Grauen Gestalt zu geben.

Das Wrack wird mit Blumen geschmückt, Süßigkeiten, Lieblingsspielzeuge und Plüschtiere der getöteten Kinder dazu gelegt. Ein eigenartiger Anblick. Ein Plüsch-Marienkäfer will einfach nicht sitzen bleiben, immer wieder fällt er aufs Gesicht, wird von helfenden Händen unermüdlich wieder aufgerichtet. Ausgerechnet dieses Bild brennt sich in mein Gedächtnis ein und ich wünsche mir, er würde endlich sitzen bleiben und nicht mehr umfallen – irgendwann tut er mir den Gefallen.

Die Trauernden verteilen mit Wasser gefüllte Gläser und Teller mit Weißbrot um die Absturzstelle – letzte Wegzehrung für die toten Seelen. Kränze von offizieller Seite gesellen sich dazu – mitfühlende Gesten, die doch nichts weiter als Hilflosigkeit ausdrücken können. Kerzen werden entzündet, und ein muslimisches Gedenkgebet und eine kurze orthodoxe Messe bemühen sich, das Fassungslose fassbar zu machen.

Als sich die Menschen anschließend anschicken, zu den Bussen zurückzukehren, ist tatsächlich so etwas wie Erleichterung zu spüren. Die Trauer, das Leid, der Schmerz haben ein Gesicht bekommen, einen Ort, an dem man sie zurücklassen kann. Hier und da entwickeln sich wieder leise Unterhaltungen, finden die Menschen wieder ins Gespräch, ins Leben zurück und versuchen sich so gut es geht, gegenseitig Halt zu geben.

Ich spüre, dass das Erlebte in mir noch lange nachwirken wird, dass dies in all den Jahren meines Polizistenlebens der Einsatz war, der mich emotional am meisten belastet hat – und doch möchte ich ihn nicht missen. Es war eine positive, berührende Erfahrung, ein Mosaiksteinchen in unserem Bemühen zu sein, diesen Menschen dabei zu helfen, ihr Leid zu verarbeiten. Und so wie ich nehmen auch all die Polizeibeamten ihre ganz persönliche Geschichte mit nach Hause, die hier im Rahmen dieses Unglücks eingesetzt wurden – am tiefgreifendsten wohl die Kollegen, die noch in der Unglücksnacht hatten ausrücken müssen, um dafür zu sorgen, dass in den Zinksärgen, die bald darauf ihre Reise nach Russland antreten würden, wenigstens eine Hand, ein Fuß oder gar ein Torso liegt – Zeugnis der Nacht, in der es über dem Bodensee tote Kinder regnete.

Ungutes Gefühl

von Janine Binder, Köln

Ich liege im Bett, alleine in seinem Bett. Der Platz neben mir ist leer und kalt. Ich taste mit der Hand übers Kissen, nein, er kann ja gar nicht da sein. Die Katze liegt auf meinen Beinen und spürt meine Unruhe. Sie kann riechen, dass etwas nicht stimmt und krabbelt unruhig durchs Bett. Ich stöhne und rolle mich auf die andere Seite. So oft hab ich schon hier gelegen, während er weg war. So oft bin ich in seinem Bett eingeschlafen, obwohl er nicht da war.

Immer mache ich mir Gedanken, was er wohl tut, ob er wohl vorsichtig ist. Aber so schlimm wie heute habe ich mich noch nie gefühlt. Dabei war alles ganz normal. Er hat sich angezogen, seine Tasche genommen, sich von mir mit einem Kuss auf die Stirn verabschiedet. »Tschüß, Kleines« im Flur gerufen und sich auf dem Absatz noch mal umgedreht, um mir einen Kuss zu zuwerfen. Ich habe die Tür geschlossen und die Kette vorgelegt, dann habe ich versucht, mich so lange wie möglich wach zu halten. Habe vor dem PC gesessen, ferngesehen und gelesen, und die ganze Zeit hat mich ein unbestimmtes ungutes Gefühl begleitet. Ich wollte noch nicht schlafen, damit ich am nächsten Morgen nicht vor ihm aufwache und ihn mit meinem Gekrame wach mache. Aber nun war es fünf Uhr, langsam wollte ich Schlaf finden, aber er kam nicht.

Ich malte mir Situationen aus, was ihm alles passieren könnte und sagte mir gleichzeitig, dass er der umsichtigste Mensch ist, der mir je begegnete. Außerdem ist er groß und stark und kann sich gegen jeden verteidigen. Mein Blick fällt auf die offene Schranktür. Ich sehe seine Schussweste dort hängen und stoße einen Seufzer aus. Warum hat er sie nicht mitgenommen? Kommt mein komisches Gefühl daher?

Ich schüttele den Kopf, um die schlechten Gedanken zu vertreiben. Kurz spiele ich mit dem Gedanken auf der Wache anzurufen und zu fragen, ob alles OK ist. Quatsch, damit mache ich mich bloß lächerlich und ihn auch.

Ich drehe mich zur Seite und schlafe langsam ein. Fiese Träume begleiten mich. Ich höre Martinshörner im Traum. Sehe ihn in einer Blutlache liegen und werde schweißgebadet wach. Taste nach seinem Kissen und sehe auf den Wecker. Acht Uhr und das Kissen ist immer noch leer, irgendwas stimmt nicht. Auf meinem Handy und dem AB keine Nachricht .

Ich wälze mich herum, als ich den Schlüssel an der Haustür höre. Er kommt rein, sieht mich nicht an, zieht sich wortlos aus und steigt ins Bett. Keine Begrüßung, nichts. Ich will ihn fragen was los ist, los war. Aber er verschließt mir mit einem Kuss den Mund. Er klammert sich an mich, als würde er ertrinken und ich müsste ihn retten. Ich streichele seinen Rücken, bis er einschläft.

Ich bin verwirrt. Weiß nicht, wie ich die Dinge, von denen er im Schlaf erzählt, deuten soll. Weiß nur, dass ich ihn fest halten muss. Dann schlafe auch ich wieder ein und halte ihn fest. Ganz fest. Er ist bei mir, alles andere ist halb so schlimm.

Am nächsten Mittag werde ich von seinem Pfeifen wach. Er ist in der Küche und kocht mir Tee. Mit nackten Beinen und seinem viel zu großen Hemd an taumele ich in die Küche. »Morgen, Kleines.« Er tut, als wäre nichts. Steht mit freiem Oberkörper und seinen Shorts vor mir. Er hat einen schlimmen Kratzer an der Seite. OK, das kommt schon mal vor in unserem Job. Hin und wieder hat man kleine Schrammen, Prellungen oder sonstige kleinere Verletzungen, kann passieren. Er wird schon irgendwann darüber reden, was gestern los war, es auch mir erzählen.

Aber ich täusche mich, er redet nicht. Lange nicht. Ruft mich nur jeden Abend vor meinen Nachtdiensten an und lässt mich versprechen, vorsichtig zu sein und die Schussweste zu tragen. Ich verspreche es und frage nicht weiter.

Wochen später bügele ich seine Hemden, als er gerade zum Nachtdienst aufbrechen will. Eins hat ein Loch, ein kleines aber kreisrundes Loch. Ich traue meinen Augen nicht, stecke meinen Daumen durch das Loch. Ich weiß, was das ist. Die Ränder sind angeschmolzen und leicht verbrannt. Ich gehe auf ihn zu, mit dem Hemd an meinem Daumen.

Er seufzt: »Ich hätte es wegwerfen sollen!« Ich schüttele den Kopf und halte ihm nur stumm das Hemd mit dem Einschussloch vor die Nase.

»Ich wollte nicht, dass du es weißt. Du hättest dich nur aufgeregt.« Ich hebe wortlos wieder das Hemd und halte ihm das Loch vor die Nase.

Er beginnt zu sprechen und hält mich dabei im Arm. »Wir sollten zu einer Ruhestörung. Als wir vor der Tür standen und noch nicht mal geklingelt hatten, schoss jemand dreimal durch die Tür, zweimal in die Wand hinter uns und einmal hat er mich gestreift. Dann hat er sich selbst erschossen.« Ich bin fassungslos, kann nichts sagen, gucke nur immer wieder auf das Hemd. Er nimmt mich in den Arm. »Hey, mir geht's gut, mir ist nichts passiert, bis auf den Kratzer.«

Ich nicke langsam. Verstehe, warum er die letzten Wochen immer wach war, wenn ich zum Nachtdienst fuhr. Verstehe seine besorgte Frage am Telefon, ob ich auch die Weste anhätte.

Er hatte sie an dem Tag nicht an. Ein paar Zentimeter weiter links und der Schuss hätte seine Brust getroffen.

Ich streiche über sein Hemd und fühle darunter die Weste. Er küsst mich auf die Stirn. Geht auf den Flur. Dreht sich auf dem Absatz noch mal um, wirft mir einen Kuss zu »Tschüss, Kleines!«

Den Rest der Nacht sitze ich mit dem kaputten Hemd im Bett und warte darauf, seinen Schlüssel im Schloss zu hören.

Frühlingssonne

von Andreas Kunz, Stuttgart

Der Blitz aus heiterem Aprilhimmel sollte in Form eines wild gewordenen Samuraischwerts auf Stuttgart niedergehen.

Es war Sonntag, das Thermometer zeigte bei Beginn der Mittagsschicht 22 Grad. Der Stresslevel tendiert an solchen Tagen gegen null. Eigentlich. Was soll sonntagnachmittags schon passieren?

Ab 15.45 Uhr treffen die Anrufe bei der Zentrale ein.

Die spärlichen Informationen des ersten Notrufes werden an unser zuständiges Revier per Funk weitergemeldet: »Hysterische Frau meldet: einer sticht auf einen anderen ein.«

Eine weitere Funkdurchsage über »angebliche Schüsse« können wir auf dem Weg zum Dienstfahrzeug über das Handfunkgerät nicht empfangen.

Mit Sondersignal geht es zum 400 Meter entfernten Tatort. Einer Kirche. Starb gestern nicht erst der Papst?

Bereits vier Minuten nach dem ersten Notruf sind wir dort. Noch aus dem Streifenwagen erkenne ich einen großen Tumult; hysterische und blutüberströmte Menschen. Kleider und selbst der Gehweg – alles blutüberströmt. Ein Bild, das in mir den Gedanken hervorruft »Hier ist Krieg«.

Ich sehe zwei Schwerstverletzte auf dem Boden liegen. Ein Mann kommt uns mit stark durchblutetem Hemdärmel entgegen.

Eine Unterscheidung der aufgebrachten Menge von circa 30-40 Menschen in Freund und Feind ist nur daran möglich, dass wir nicht angegriffen werden. Wer verletzt ist, lässt sich nicht eindeutig sagen. Fast jeder trägt blutverschmierte oder blutbespritzte Kleider. Einige halten abgeschlagene Stuhlbeine als Waffen in der Hand.

Sie zeigen Richtung Kirche. Aus der Hysterie heraus wird klar, dass der oder die Täter noch in der Kirche sind. Hauptsächlich Frauen und Kinder sollen sich dort und damit in unmittelbarer Gefahr befinden.

Alles, was ich mir für solche Einsätze vorgestellt hatte, läuft in Bruchteilen von Sekunden ab. Was ich nie für möglich gehalten hatte trifft ein. Ich laufe an den Schwerverletzten vorbei. Mein Kollege und ich sind auf die Kirche und unsere Aufgabe, den Täter schnellstmöglich handlungsunfähig zu machen, fixiert.

Wir gehen mit gezogenen Pistolen auf das Portal zu. Durch den Glaseinsatz erkennen wir eine Person im Eingangsbereich, die einen silbernen Revolver in der Hand hält. Uns folgt die mit Stuhlbeinen bewaffnete aufgebrachte Meute, es besteht keine Funkverbindung und Verstärkung ist nicht in Sicht.

Die Erinnerung an das weitere Geschehen habe ich durch Abhören des Funkverkehrs und aus Gesprächen mit meinem Streifenpartner zusammengesetzt.

Ich öffne mit der linken Hand die Holztür, meine Pistole halte ich in der Rechten. Mein Partner sichert mich mit der Waffe in Schießhaltung. Da steht uns plötzlich ein Mann wie angewurzelt gegenüber. Er hat dunkle Hautfarbe, trägt einen langen dicken Wollmantel. Es sind doch 22 Grad und die Sonne scheint! Das Schwert in der linken Hand streckt sich über einen Meter senkrecht in die Höhe. Die Klinge ist kaum blutverschmiert und lässt nur schwer erahnen, welche unglaublichen Verletzungen sie wenige Minuten zuvor noch angerichtet hatte.

Ich schreie ihn an: »Schmeiß das Schwert weg, auf den Boden, Hände auf den Rücken!« – keine Reaktion.

Er murmelt etwas, das ich nicht verstehen kann. Mein Streifenpartner versteht etwas von »ich habe Beweise«. Der Mann zeigt uns dabei mit der rechten Hand ein Diktiergerät.

Den Revolver hatte er zwischenzeitlich in der Jackentasche verstaut. Sein Glück, oder besser meines, denn ich hätte wohl geschossen und auf Distanz von zwei bis drei Metern wäre dies tödlich ausgegangen.

Ist das überhaupt der Täter? Oder hat der Mann nur die Pistole und das Schwert vom Boden aufgenommen und versteht nun nicht, was wir von ihm wollen?

Auf dem Boden liegt zwischen uns eine Damenhandtasche, deren Inhalt verstreut ist. Überbleibsel der panischen Flucht.

Ausgerissene oder abgeschnittene Haarbüschel, Blutflecken, Blutspuren ziehen sich vom Kirchenraum nach draußen. Aber der Mann vor uns hat fast kein Blut an sich.

›Rühr dich besser nicht, ich habe meinen Finger im Abzug, 5-6 mm noch, dann fällt der Schuss.‹

Vor ein paar Minuten saß ich noch am PC und schrieb einen Unfallbericht, nun bin ich kurz davor einen Menschen zu erschießen.

Aufgrund der geringen Distanz und des langen Schwertes führt bei einem Angriff des Mannes nur ein sofort tödlicher Kopfschuss zum Ziel.

Bilder des Einsatztrainings werden real. Bei einem Abstand unter sieben Metern ist ein Messerangriff nicht mehr anders abzuwehren. Aber zurückweichen? Das ist nicht meine Philosophie, wohin denn auch? Hinter uns brüllen die Männer mit den Holzknüppeln, fordern uns auf: »Schießen, schießen, erschießt ihn!«

Wir sind Polizisten, haben Leben zu schützen und nicht zu beenden. Wir sind jahrelang auf das Nicht-Schießen trainiert.

Was soll ich machen? Weiter auf ihn und sein Schwert zuzugehen wäre selbstmörderisch.

So paradox es klingt, in diesem Moment fühle ich mich von dem Mann nicht bedroht. Er steht nur da und hat ein Schwert in der Hand. Was er damit zuvor angerichtet hatte, war mir nicht bewusst. Ich hatte die schweren Verletzungen der Betroffenen noch gar nicht bemerkt. Irgendwie trägt mich die Gewissheit, dass er mir nichts tun wird.

Durch unser Schreien wissen nun auch die Menschen,

die sich noch in der Kirche vor dem Schwertträger versteckt halten, dass die Polizei da ist und ihnen jetzt geholfen wird.

Sie kommen aus ihren Verstecken und wollen die Kirche verlassen. Im Eingangsbereich steht immer noch der Täter. Immer noch mit dem Samuraischwert bewaffnet. Ich sehe im Augenwinkel Frauen und Kinder auf den Täter zukommen. Sollte ich mit der Pistole nur einen halben Meter weiter rechts schießen gefährde ich Unschuldige. Ich entscheide mich, nicht zu schießen. Eine Gratwanderung, wie es später ein Polizeisprecher nannte.

Mein Partner hat den Täter im Visier. Ich setze das Pfefferspray ein. Eine Premiere, ich benutze es zum ersten Mal. Ich sprühe eine volle Pfefferpatrone direkt in die Augen des Täters und nichts, aber auch gar nichts geschieht. Der Mann zuckt nicht mal mit der Wimper.

Es dauert Sekunden bis er sich mit der rechten Hand die Augen ausreibt. Nicht weil sie ihm brannten. Die Bewegung ähnelt eher einem Schwimmer, der sich nach dem Auftauchen das Wasser aus dem Gesicht wischt.

Die Pfefferpatrone ist leer und das Schwert immer noch in seiner Hand. Sekunden dehnen sich zu einer Ewigkeit. Dann der glückliche Moment. Er lässt das Schwert fallen. Wir stürmen auf ihn zu. Ich fasse seinen linken Arm. Mein Partner stellt sich mit beiden Füßen auf das Schwert. Fußfeger und kurzes Gerangel auf dem Boden, bis die Hände auf dem Rücken sind. Die Handschließe lässt sich nicht anlegen. Er trägt an beiden Armgelenken, und auch an den Fußgelenken, zwei bis drei Zentimeter breite Lederbänder bestückt mit langen spitzen Stacheln.

In dieser immer noch nicht kontrollierten Phase stürmen die Männer mit ihren Prügeln in die Kirche. Sie schlagen und treten auf den Täter ein. Eine verständliche Reaktion, aber gefährlich, denn der Täter ist nicht in Handschellen. Und er hat noch immer die silberne Schusswaffe in der Tasche. Da wir die Menschen abwehren müssen, können wir den Täter kaum am Boden halten.

Das Glück verlässt uns nicht. Die Menschen lassen sich hinausdrängen.

Hierzu muss ich körperliche Gewalt gegen die eigentlich Betroffenen anwenden. Ich denke die Männer haben verstanden, dass es notwendig war – bis heute hat sich keiner beschwert.

Schnell die Tür zu, die Leute bleiben draußen und wir können den Täter fesseln.

Es treffen Rettungswagen, Notärzte und auch ein Löschzug der Feuerwehr ein. Alles Dinge, die an mir vorbeigehen. Ich bin mit meinem Streifenpartner in der Kirche. Am Boden liegt der Täter, daneben sein Samuraischwert.

Den silbernen Revolver nimmt mein Streifenpartner aus der rechten Jackentasche des Mannes. Er ist mit sechs Patronen geladen.

Jetzt erst bemerke ich, dass ich noch meine Sonnenbrille trage.

Vor uns weinende Kinder und Frauen. Sie verstehen so wenig wie wir, was in den letzten Minuten passiert ist. Es war doch ein Gottesdienst. Und dann kam der Tod so plötzlich.

Endlich ist die zweite Streife vom Nachbarrevier da. Durch zahlreiche Kontakte besteht zu den Kollegen ein fast freundschaftliches Verhältnis. So genügen wenige Worte, um sich abzusprechen.

Ein Gedanke schreckt uns auf und versetzt uns in Stress; war es ein Täter oder mehrere? Unklar, also alles durchsuchen, Räume sichern und weitere Verletzte finden und bergen.

Es vergehen Minuten bis genügend Einsatzkräfte vor Ort sind und schließlich das ganze Gebäude durchsucht ist. Keine weiteren Verletzten und keine weiteren Täter.

Die Schwerverletzten vor dem Gebäude können erstversorgt werden. Dennoch stirbt eine Frau in den Armen ihrer Verwandten. Sie war durch das Schwert so schwer verletzt worden, dass sie nicht den Hauch einer Überlebenschance hatte.

Dem Mann mit dem blutenden Hemdärmel wurde die Hand abgeschlagen. Einer weiteren Person wurde die Schulter fast abgetrennt.

Das Motiv der Tat war eine Beziehungsgeschichte aufgrund abgewiesener Liebesbekundungen und religiöse Wahnvorstellungen des Täters. Die Opfer gehörten der gleichen Glaubensgemeinschaft an, waren aber nicht aus dem persönlichen Umfeld des Täters.

Obwohl ich Auge in Auge mit dem bewaffneten Täter stand, gebührt mein größter Respekt den beiden Kollegen, die vor der Kirche die ersten Maßnahmen zur Versorgung der Verletzten trafen. Ausgestattet mit einem Verbandskasten leisteten sie nicht nur erste Hilfe, sie mussten die aufgebrachte Menschenmenge im Zaum halten. Sie lösten beides mit Bravour.

Meine Gefühle und Reaktionen nach diesem Einsatz sind und waren vielschichtig. Unsere Schutzengel hatten Höchstleistungen vollbracht.

In den ersten 24 Stunden herrschte eine gewisse Euphorie. Wir hatten schnell einen Amokläufer dingfest gemacht, konnten weitere Tote und Verletzte verhindern.

Danach kamen die Gedanken zum »Was-wäre-wenn-gewesen?« Wenn wir zum Beispiel etwas früher oder etwas später vor Ort gewesen wären, der Täter nicht abseits, sondern innerhalb der Menschen sich bewegt hätte, seine Tat gar angedauert oder ich geschossen hätte und dabei ein Kind getroffen worden wäre. Oder schlicht und einfach, ich selbst wäre schwer verletzt oder getötet worden. Wie wäre meine Frau, wie wären meine Kinder damit umgegangen?

Diese Gedanken und Vorstellungen zogen mich die nächsten beiden Tage in ein tiefes Loch.

Ich igelte mich ein. Hörte zigmal die Bänder des Funkverkehrs und die eingegangenen Notrufe ab und wusste: »Ich hätte tot sein können, mein Partner hätte tot sein können.« Es ließ mich nicht los.

Ich stellte viele Fragen. Fragte, ob Polizist mein Traumberuf ist. Ich wurde im Laufe der vielen Dienstjahre zigmal beleidigt, angespuckt, geschlagen, getreten, mit Steinen und Flaschen beworfen, mit Leuchtraketen beschossen, nur weil ich eine Uniform trug.

Ich dachte an die Momente, als ich Todesnachrichten überbrachte, Leid und Trauer teilte. Ich sah Tote, Verletzte, alt und jung.

Und ich erkannte, dass es nun mal mein Job ist, genau diese Dinge zu tun. Diesen Beruf habe ich gewählt, und ich möchte ihn nicht mehr missen.

Die Betreuung aller Einsatzkräfte fand unmittelbar nach dem Einsatzgeschehen durch den Revierleiter und zwei polizeiliche Konfliktberater statt.

Am nächsten Morgen im Frühdienst war es unserem Polizeipräsidenten und seinem Stellvertreter ein wichtiges Anliegen, mit uns über den Einsatz und unsere Gefühle und Reaktionen zu sprechen. Beide hatten ihre Termine abgesagt und nahmen sich Zeit für uns.

Fünf Tage nach dem Ereignis kamen die Ersteinsatzkräfte von Polizei und Rettungsdienst auf unserer Dienststelle nochmals mit den Konfliktberatern zusammen. Wir tauschten über zwei Stunden lang unsere Erlebnisse und Gefühle zum Einsatz aus. Solch eine Nachbereitung im emotionalen Sinne möchte ich jedem nur empfehlen.

Zwischenzeitlich ging auch der Prozess gegen den Täter zu Ende. Er wurde, wie es nach den ärztlichen Gutachten zu erwarten war, in die Psychiatrie eingewiesen.

Mein Tief habe ich überwunden, auch wenn ich mich immer noch sehr mit diesem Fall befasse. Ich spürte, was es bedeutet, in solch einem Beruf und in solch einem Kollegenkreis arbeiten zu dürfen.

Schon vor diesem sonnigen Sonntag im April 2005 war dies meine zweite Familie, danach umso mehr.

Viele Kollegen kamen nach dem Einsatz auf mich zu und sagten: »Super habt ihr das gemacht«. Doch am meisten aufgebaut, am besten unterstützt haben mich die Kolleginnen und Kollegen, die zu mir sagten: »Ich bin froh, dass dir nichts passiert ist.«

Ist doch nur ein Hund

von Elmar Heer, Nürnberg

Der laue Frühlingswind an diesem sonnigen Sonntagmorgen im Mai spielt mit seinem glänzenden Fell, die Sonne lässt seine braunen Augen beinahe gelb aufleuchten, die schwarze Nase schimmert feucht. Ich streichle seinen Kopf, der schwer in meinem Schoß liegt, kämpfe erfolglos gegen meine Tränen an, die längst das Kinn erreicht haben. Meine Hand liegt auf seinem Brustkorb, ich warte fühlend, hoffend, aber kein Atemzug lässt ihn sich nochmals heben. Haben sich nicht die Tasthaare an seiner grauen Schnauze gerade noch einmal bewegt, die Pupillen in seinen weit geöffneten Augen auf einen vom Fenster reflektierten Sonnenstrahl reagiert? Nein, ich habe mich geirrt. Gerade ist »Diensthund Nr. 50«, Gundo, mein Hund, mein Partner, mein Freund und Begleiter, in meinen Armen gestorben.

Ich fühle mich endlos verloren und sitze im kühlen Gras unseres Gartens, »seines« Gartens. Meine Gedanken durchstreifen unsere gemeinsame Zeit, die damit begann, als mir der Hundezüchter eine Leine in die Hand drückte.

An deren anderem Ende zerrte ein ungezogenes Energiebündel, ungestüm hin und her springend, wütend bellend – und mich völlig ignorierend. Denn sein ganzes Interesse galt unserem Ausbildungsleiter Hubert, der, etwa 50 Meter entfernt, in voller Schutzmontur einem Astronauten ähnelnd, wild gestikulierend den Eindruck erweckte, davonlaufen zu wollen. Auf sein Zeichen hin ließ ich die Leine los, der elf Monate alte Schäferhund preschte los, nach wenigen Sekunden holte er Hubert ein und verbiss sich ansatzlos in dessen linken Arm. Meine Knie wurden weich und ich geriet ins Stolpern, während ich den beiden hinterher eilte. Unbeholfen versuchte ich die Leine, die der Hund hinter sich herzog, wieder aufzunehmen, griff mehrmals ins Leere, ehe es mir nach einem beherzten Sprung schließlich doch gelang. Über das hochrote, verschwitzte Gesicht von Hubert huschte ein zufriedenes Lächeln, nachdem »Gundo vom Almanach« auf das Kommando des Züchters den dick gepolsterten Arm, wenn auch etwas zögerlich, wieder losgelassen hatte. Der Ausbilder nickte mir kurz zu, während Gundo ihn nicht einen Wimpernschlag lang aus den Augen ließ. Ich wusste, dass diese Nicken »tauglich« bedeutete. Ankaufsüberprüfung bestanden.

Zwei sich streitende Spatzen reißen mich aus meinen Gedanken. Sie sind nur zwei Meter entfernt in der Wiese gelandet, umflattern sich schimpfend, bemerken nicht den Menschen, der mit geröteten Augen vor sich hin starrt und noch immer den Kopf seines toten Hundes streichelt. Für einen kurzen Moment bin ich verwundert, dass Gundo nicht aufspringt um die Störenfriede zu vertreiben, so wie er es immer getan hat! So wie er es nie mehr tun wird.

Ich hole tief Luft, durch den Mund, denn meine Nase ist zu. Der Kloß in meinem Hals wird wieder größer, während ich mich an die kleine Hoffnung klammere, dass das alles vielleicht nur ein böser Traum ist, ich gleich aufwachen werde, weil mir Gundo seine feuchte, kühle Nase in freudiger Erwartung eines ausgedehnten Morgenspaziergangs ins Gesicht drückt.

Die Bewegung, mit der ich mir über die Augen wische, macht die beiden Vögel auf mich aufmerksam. Erbost schimpfend fliegen sie auf und setzen ihren Revierstreit in Nachbars Garten fort. Ich bin froh, dass ich alleine bin, mich niemand so sieht, mich, den schon leicht ergrauten Polizeihauptmeister, der auf der Erde sitzt und darum kämpft, nicht zu heulen wie ein Kind.

Er war doch nur ein Hund, versuche ich mir einzureden.

Meine Erinnerungen kehren zurück an unsere gemeinsamen Jahre, Wochen, Momente.

Ich bin zwar mit Hunden aufgewachsen, aber mit deren Erziehung hatte ich nie viel zu tun gehabt. Nun hieß es, diesem frechen »Lausbuben« all das beizubringen, was zwingend nötig war, um die Prüfung zum Polizeidiensthund zu bestehen. Wir lernten es gemeinsam, denn ich hatte davon ebenso wenig Ahnung wie er. Unter Anleitung des Ausbilders erfuhren wir, wie man exakt bei Fuß geht, korrekt »Sitz« und »Platz« macht, über Hürden springt, am besten einer Fährte folgt, einen »Verbrecher« aufstöbert, stellt, verbellt und nötigenfalls auch beißt. Gleichzeitig lernten wir uns mehr und mehr kennen, wir wurden ein Team, Freunde. Nie werde ich die Nervosität, die Angst am Tag der Prüfung vergessen, barg doch ein Nichtbestehen die Gefahr, dass ich meinen Gundo wieder abgeben müsste.

Aber die Prüfung bestanden wir, nicht nur diese, auch noch andere, wie die zum »Rauschgiftspürhund« nach einem weiteren zehnwöchigen Lehrgang. Ich war so stolz auf diesen Kerl, der trotz seiner doch in der Tat ernsten Aufgaben immer noch der alberne, verspielte und verschmuste Hund blieb, der begeistert seinem Ball hinterher sprang oder mit den Kindern im Garten umhertollte.

Zehn Jahre lang war er mein Streifenpartner gewesen, hatte nicht selten sein Fell riskiert, um mir die Haut zu retten. Die beiden Autoknacker, die sich auf der Flucht unter einem Busch im Laub eingegraben hatten und nun zitternd und völlig resigniert vor mir standen, nachdem Gundo sie aufgestöbert hatte ... der Einbrecher, der sich auf der Flucht in einem Streusandkasten versteckt hatte, was uns allen, aber nicht der sensiblen Hundenase verborgen geblieben war.

Oder die Gruppe betrunkener Hooligans, die sich zu gern an mir vergriffen hätte. Nach einem verlorenen Auswärtsspiel ihres Bundesligavereins waren sie zunächst nur grölend, bald aber schon randalierend über den Volksfestplatz gezogen, hatten Bierbänke umgeworfen, Gläser zerschlagen, Fans des diesmal erfolgreichen 1. FC Nürnberg verprügelt. Ich war mit Gundo zur Unterstützung der Kollegen in Richtung Festzelt unterwegs, als ich mich plötzlich von einem Dutzend dieser »Fußballfreunde« umzingelt sah.

Sie hatten mich abgepasst, den einzelnen Polizisten, ein gefundenes Fressen für sie, den sie jetzt ihre Wut auf den Nürnberger Club, auf die Bullen, auf das Leben überhaupt spüren lassen wollten.

Doch sie hatten nicht mit der Entschlossenheit meines vierbeinigen Bodyguards gerechnet, der die Situation sofort erfasste und mich nun umkreiste wie ein Satellit. Ich hatte Mühe, die Lederleine schnell umzugreifen, damit mich Gundo nicht fesselte. Jedem, der den Abstand einer Leinenlänge unterschritt, sprang er wütend entgegen, fletschte seine Zähne, und immer wieder hörte ich trotz des Lärms dieses klackende Geräusch, wenn er ins Leere biss und deshalb seine Zähne auf einander schlugen. Als schließlich einer der Hooligans, der sich zu weit vorwagte und wohl nicht schnell genug zurückwich, seinen Wagemut mit einem klaffenden Loch im Ärmel seiner Lederjacke bezahlte, zogen er und seine Freunde sich zurück.

Gundo hätte sein Leben dafür gegeben, mich zu verteidigen.

Mein Blick fällt auf die gelbe, zerkaute Frisbeescheibe, die dort unter dem Baum liegt, an seinem Lieblingsplatz im Schatten. Gestern noch hat er sie etwas tapsig im Garten umher getragen, hatte sie selbst hoch geworfen, um sie dann allerdings beängstigend unbeholfen wieder »einzufangen«. Der Tierarzt meinte, Gundo habe eine Magenverstimmung, nichts Ernstes, gab mir ein paar Tabletten für ihn mit.

Nichts Ernstes. Trotz meiner Zweifel wollte ich es glauben. Was nicht sein darf, kann nicht sein. Ich wollte dieses unerträgliche Gefühl nicht zulassen, dass mein bester Freund sich anschickte, mich für immer zu verlassen. Selbst in dieser Situation spürte Gundo meine Bestürzung, versuchte mich aufzuheitern, bellte mich schwanzwedelnd an, wie damals.

Damals, vor drei Jahren, als meine Frau Sieglinde mit wehenden Fahnen zu ihrem neuen Freund gezogen war und mich mit all den Problemen rund ums neu erbaute Haus im Stich gelassen hatte, suchte Gundo meine Nähe und wich nicht mehr von meiner Seite. Er beobachtete mich und machte sich zum Clown, um meine Weltuntergangsstimmung zu vertreiben.

Gundo erkannte meine Gefühlslagen wie kein anderer, und wie kein anderer ging er darauf ein. Fühlte ich mich schwach oder war ich nervös, war er besonders wachsam, war ich euphorisch, war er es auch, war ich traurig, tröstete er mich auf seine Weise. Sei es, indem er mir seinen Tennisball in den Schoß legte, um mich zum Mitspielen aufzufordern, oder indem er bei dem Versuch, seinen Schwanz zu fangen, wilde Pirouetten durch das Wohnzimmer drehte.

Gedankenverloren streichle ich sein weiches Fell, das sich dank der aufsteigenden Sonne noch immer warm anfühlt.

Im Zwinger hatte Gundo seit Sieglindes Auszug nicht mehr geschlafen, er hatte seinen Platz, eine ausgediente Matratze, fortan im Schlafzimmer. Heute Morgen weckte mich sein leises Winseln. Er versuchte aufzustehen, aber es gelang ihm nicht, gab es schließlich auf. Behutsam nahm ich ihn in meine Arme, hob ihn hoch, trug ihn vorsichtig in den Garten und legte ihn ins Gras. Wieder versuchte er aufzustehen, kurzzeitig gelang es ihm sogar, ging ein paar unsichere Schritte, ehe er wieder zusammenbrach. Mühsam hob er den Kopf, seine panisch weit aufgerissenen Augen suchten meinen Blick. Die Seele zum Bersten gespannt, erschüttert bis in die letzte Faser meines Körpers, setzte ich mich hilflos zu ihm, bettete seinen Kopf in meinen Schoß, redete auf ihn ein, streichelte ihn … bis er nur wenige Minuten später noch einmal tief Luft holte und dann mit einem leisen Stöhnen zum letzten Mal ausatmete.

Die beiden Spatzen sind wieder in meinem Garten gelandet. Während der eine das letzte heruntergefallene Winterfutter unter dem Vogelhäuschen aus dem Boden pickt, beäugt mich der andere neugierig. Er und die Glocke der Dorfkirche holen mich langsam wieder aus meinen Gedanken. Ich zähle die Schläge mit. Zehn Uhr. Über eine Stunde sitze ich nun schon hier. Zu der bleischweren Trauer gesellt sich plötzlich das Gefühl von Dankbarkeit. Dankbarkeit dafür, dass mir Gundo die Entscheidung abgenommen hat, den Tierarzt zu rufen, der ihn nur noch hätte einschläfern können.

Vorsichtig lege ich Gundos Kopf ins Gras. Ich gehe in den Schuppen und hole den Spaten.

Unwirkliche Wirklichkeiten

von Ingo Wünsch, Düren

Da sind sie wieder, die Erinnerungen, die Bilder. Ich bin überrascht, wie ich plötzlich die verschiedenen Leichen vor meinen Augen abspulen kann, wie ich sie in eine persönliche Reihenfolge bringe, und ... wie ich sie teilweise förmlich wieder rieche. Immer mal wieder, wenn ich mich mit diesem Teil meiner Polizeigeschichte auseinandersetze, sind die Szenen sofort präsent. Bei den Gerüchen des Todes denke ich immer an diesen Begriff: Olfaktorisch – aus dem Buch »Das Parfüm« von Patrick Süskind. Kein Begriff beschreibt für mich so unmittelbar die Unwirklichkeit, verknüpft mit dem Grauen und dem Ekel, den ich teilweise empfunden habe, während ich dennoch gleichzeitig fasziniert davon war. So wie die Hauptfigur dieses Romans: Jean-Baptiste Grenouille, das verwachsene kleine abgedrehte Monster in einer fesselnden Geschichte. Nur ist Grenouille Fiktion. Meine Bilder und Erinnerungen sind dagegen Realität.

Gerichtsmedizin

An einem wunderschönen strahlend blauen Sonnentag finde ich mich im Keller einer Gerichtsmedizin wieder. Der Gang in den Keller, mit dem zunehmenden schweren süßlichen Geruch, ist für mich der Abstieg in die Unwirklichkeit. Ich lege den Mantel der Realität ab und tauche ins Jenseits ein. Rechts um die Ecke stehe ich plötzlich in einem großen gekachelten Raum mit mehreren Obduktionstischen. Auf dem ersten Tisch liegt ausgebreitet ein schwarzes Etwas. Es sieht aus wie ein Mensch, doch es fehlt was. Vom süßen schweren vergammelten Geruch gefangen, der in der Nase beißt, fällt es mir schwer, klar zu denken. Ich werde langsamer und schaue wie ein Fremder auf die unwirkliche Situation, stehe daneben, bin nicht Teil von ihr. Ein Bein fehlt, ein ganzes Bein. Und der ganze Restkörper ist schwarz, aufgedunsen, kaum als Mensch zu erkennen und vor allem: der Geruch. Er erfüllt den ganzen Raum und vernebelt mir die Gedanken. Der Geruch lässt sich schneiden, ich habe das Gefühl ihn nicht nur zu riechen, sondern als Masse zu fühlen.

Zurückgeholt aus meinen Empfindungen werde ich von den Pathologen und dem Präparator, die mit lauter und deutlicher Stimme ihren Vortrag zur Obduktion beginnen. Routinierte Sätze, garniert mit Sarkasmus, entspannen die Situation.

Ich entferne mich zusehends von meinen subjektiven Empfindungen hin zu einem objektiven Interesse an dem Geschehen, allerdings ohne zu nahe an den Tisch heranzutreten. So erlebe ich das Abziehen der Gesichtshaut und damit das Freilegen des Schädels, das Auffräsen des Schädeldaches, das Herauslaufen des Gehirns bis zum Aufschneiden des Bauches. Ffffft – hörbar entweicht Luft aus dem Bauchraum.

Das Gewicht des süßlichen gammeligen Geruchs drückt mich nieder, nimmt mir den Atem, wischt jegliches Interesse weg, erschlägt mich mit seinem Ekel … ich gehe raus. Ich durchstoße die Tür nach draußen und finde mich wieder unter dem strahlend blauen Himmel eines wunderschönen kalten frischen Sonnentages.

Eine Stunde später. Die Fortbildung, an der ich im Rahmen meiner Ausbildung zum Kriminalbeamten teilnehme, geht weiter. Wir gehen wieder durch den Keller, auf einer Stahlliege liegt eine kleine Puppe mit weißlicher Haut, halb zugedeckt. Ich wundere mich, was macht die hier? Es ist ein Säugling, plötzlicher Kindstod. Er ist nicht ekelig, er riecht nicht, er sieht friedlich aus. Heute bin ich froh, dass ich damals noch keine Kinder hatte. Später habe ich häufiger mal an dieses friedliche tote Kind denken müssen. Es sah aus, als würde es schlafen, und schlafende Kinder haben etwas unendlich Friedliches und Schutzwürdiges. Bei meinen Kindern habe ich immer wieder die schönsten Momente, wenn sie schlafen, ich sie anschaue und ihnen ins Ohr flüstern kann, dass ich immer für sie da sein werde und ich sie lieb habe.

Dieser Säugling war tot, man hatte ihn roh auf eine kalte Stahlliege gelegt, nur halb zugedeckt – wer ist an diesem Tag für ihn da? Seine Eltern sind da, sie stehen oben und verlangen, an der Obduktion teilnehmen zu können. Wie bitte!!?? Ich frage mich, ob diese Eltern noch ganz klar sind. Sie sind es. Ihr Wunsch entspringt aus ihrer tiefsten Angst um ihr totes Kind. Sie sind Zeugen Jehovas und nach deren Glauben muss der Mensch bei seinem Tod vollumfänglich bestattet werden, es darf nichts, aber auch nichts, dem Körper entnommen, aber auch nichts hinzugefügt werden.

Was unmöglich ist. Der Ablauf einer Obduktion lässt dies nicht zu. Die Entnahme von Gewebeproben für histologische Untersuchungen ist obligat. Der zuständige Oberstaatsanwalt entscheidet, dass die Eltern nicht anwesend sein dürfen. Danke! – das Zerschneiden dieses kleinen schutzwürdigen friedlichen Wesens bietet auch keinen Raum für Elternliebe. Es ist zerstörerisch, hier wird die Friedlichkeit des Todes gnadenlos aufgebrochen. Ein Scheißjob, denke ich!

Warum, frage ich mich, bin ich den Toten weiter treu geblieben? Warum habe ich mich später mit Todesermittlung beschäftigt? Hat mir das damals nicht gereicht? Doch, es hat mir gereicht. Aber ich entdeckte gleichzeitig, dass ich damit umgehen konnte, mich freisprechen, den Tod loslassen und ich kann mich daran erinnern, ohne mich belastet zu fühlen. Der Umgang mit Toten ist bei allem Sarkasmus in der Situation von höchster Verantwortung gegenüber diesem verstorbenen Menschen geprägt. Sarkasmus ist ein zulässiger Schutzschild, solange man ihn bewusst einsetzt. Der Übergang zum Zynismus jedoch signalisiert, dass man aussteigen muss. Man bringt den nötigen Respekt nicht mehr auf und verliert ihn dann irgendwann vielleicht sogar vor sich selbst.

Wie wütend muss man sein?

Der eine ist aus dem 12. Stock in die Tiefe gesprungen, hat einen oberschenkeldicken Ast durchschlagen und liegt nun auf der Wiese unter einer Plane. Schaulustige, vor allem Kinder stehen umher und gaffen. Die Leute beschweren sich, wenn man sie wegschickt – nette Gesellschaft, denke ich. Oben in der Wohnung lebt die Freundin des Toten mit ihrer Mutter. Auf dem Küchentisch liegen sein Schlüsselbund und sein Portemonnaie. Die Balkonbrüstung besteht aus Querstreben. Zwischen den beiden obersten Streben steckt der rechte Turnschuh des Toten. Was ist passiert? Die Freundin sitzt an ihre Mutter gekauert auf dem Sofa. Sie haben sich gestritten, der Tote und sie. Sie hatte mit ihm Schluss gemacht und er war noch mal zu einem Gespräch gekommen. Er wollte sie. Sie wollte ihn nicht mehr. Voller Wut hat er seinen Schlüsselbund und sein Portemonnaie auf den Tisch geknallt und ist mit Anlauf über die Brüstung in die Tiefe gesprungen. Zurück blieben der Turnschuh und Stille. Hat er sich im Flug noch gedacht: Mensch, was tue ich da? Keine Ahnung, sein Blick war gebrochen und ausdruckslos.

Der andere stirbt als wütender selbstzerstörerischer Märtyrer. Sie hatte mit ihm Schluss gemacht, seine Freundin. Sie war gerade mal dem Kindesalter entwachsen, er dagegen schon Anfang 20. Ihre Eltern wollten diese Beziehung nicht dulden, sie zwangen die Tochter, sie zu beenden. Damit wurde er nicht fertig. Er hat sich vor einen Zug geschmissen. Einen Zug! Immer wenn ich am Bahnhof stehe und ein Zug fährt ein oder durch, bin ich erschrocken, welche Kraft hinter diesen Eisenkolossen steckt. Wie kann man sich so zermatschen lassen? Er ist durch den Zug über 300 Meter auf die Bahnlinie verteilt worden. Es ist Winter, größere Leichenteile geben noch Hitze ab, sie dampfen. Leichenteile, die direkt auf der Eisenschiene liegen, sind festgefroren. Es ist dunkel, eiskalt und es schneit leicht.

Der Bestatter mit zwei Gehilfen und einer Zinkwanne geht unter Taschenlampenlicht mit uns die Strecke ab. Eine Prozession des Schreckens. Immer wieder tauchen im Lichtkegel Körperteile auf, dampfen, kleben auf der Schiene und können kaum bestimmt werden: Oberschenkel, Torso, Arm? – egal, einsammeln. Der Schädel ist zermatscht, die Gesichts- und Kopfhaut ist wie eine leere Hülle. Das Gute bei dem ganzen Grauen ist, dass hier der Mensch als solches gar nicht mehr erkennbar ist. Aus den Teilen und deren Zustand lässt sich nichts im Kopf zusammenbauen. Das macht die Sache erträglich.

Er hat sich mit Blick zum Zug mit ausgebreiteten Armen auf die Bahnlinie gestellt und den Zug empfangen. Der Kopf zerplatzt durch die Wucht, weggespritzte Gehirnmasse, Blut und Gewebeteile an der Schiene zeigen uns in etwa die Stelle des Zusammenpralls. Auf dieser Höhe steht ein Rucksack, darin sein Abschiedsbrief. Er will ihr den Weg für ihr Leben frei machen. Der Brief endet mit weglaufenden hektischen Buchstaben: Ich liebe Dich bis zum letzten Atemzug. Eine Theatralik, selbst in der Rhetorik, ob gewollt oder ungewollt, die betroffen macht. Wie wütend muss man auf das Leben sein?

Starke Menschen

Warum sind die einen Menschen so schwach und die anderen so stark? Er hat sie umgebracht, erst seine Lebensgefährtin und dann das gemeinsame zwei Jahre alte Kind, erstochen, brutal und endgültig. Die achtjährige Petra hat sich versteckt und überlebt.

Ich komme gut gelaunt und nichts ahnend zum Frühdienst. Es ist wieder richtig schönes sonnenverwöhntes Wetter. Die Tat war in der Nacht. Die Ermittlungen haben ergeben, dass die Kinder zuletzt oft bei den Großeltern waren. Sie sind noch nicht informiert. Mit einem Notfallseelsorger fahren wir zu der Adresse der Großeltern. Ein schönes Einfamilienhaus in einer dörflichen Gegend, es ist friedlich.

Ich zucke zusammen, als ich die Ruhe mit dem Klingeln aufbreche.

Es tut sich nichts. Ich drücke noch mal. Sichtlich aus dem Bett geworfen öffnet der Großvater die Tür und schaut uns irritiert an.

»Guten Morgen, wir sind von der Polizei und hätten Sie gerne gesprochen.« Mein Gott, was für ein Satz als Einleitung für das, was auf diese Menschen an diesem Morgen zukommen wird.

Ich kann ein erstes Erschrecken in seinen Augen sehen. Wir stehen in der Diele.

Von oben ruft seine Frau: »Wer ist denn da?« Er ruft zurück: »Die Polizei, die wollen mit uns sprechen.«

Ich denke in dem Moment: Nein! – ich will nicht mit euch sprechen, ich will am liebsten weg hier.

Sie will sich noch anziehen, wir gehen ins Wohnzimmer, er bietet uns Platz auf dem Sofa an. Da sitzen wir … und warten. Soll ich sagen: Schön haben Sie es hier – nein, wir schweigen uns an. Die Angst im Raum nimmt spürbar zu. Er hat Angst vor dem was kommen könnte, ich vor dem, was ich sagen muss. Es tut weh, richtig weh. Endlich, sie kommt herunter, schaut uns an und setzt sich zu ihrem Mann, drängt sich direkt an ihn heran.

Ich eröffne das Gespräch mit der Frage, ob sie eine Tochter namens Michaela haben. Vielleicht habe ich gehofft, dass sie nein sagen.

»Ja, das ist unsere Tochter.«

Ich lasse es raus: »Es tut mir leid, Ihnen sagen zu müssen, dass sie tot ist, sie wurde umgebracht.« Ich hasse mich für diesen gestelzten Satz. Für zwei Menschen bricht eine Welt zusammen, sie altern vor meinen Augen. Ein Stück von ihnen stirbt.

Ich schiebe nach: »… ihr Enkelkind ist auch tot …« Ich fühle mich schuldig, ich fühle mich dreckig. Der Notfallseelsorger übernimmt das Ruder und meine Verantwortung. Ich schaue die drei an, die Großeltern und den Notfallseelsorger, sie stehen im Raum, der Großvater scheinbar ruhig, die Großmutter ist körperlich kaum einzufangen. Das Hinsehen schmerzt, ich bin wie leer. Plötzlich geht ein Ruck durch ihren Körper.

Sie dreht sich zu mir um und fragt mich: »Was ist mit Petra!?«

»Sie lebt, sie braucht Sie jetzt«, antworte ich.

Sie streckt sich durch, wie wiederauferstanden, wirkt plötzlich ungeheuer stark auf mich und fordert, ja fordert, dass das Mädchen unverzüglich zu ihr kommt. Der Notfallseelsorger bleibt zurück, wir fahren das Mädchen holen. Wir nehmen als Bezugsperson ihre Tante mit. Petra sitzt bei Freunden und schaut einen Zeichentrickfilm im Fernsehen an. Eine beschauliche Situation, die ich von meinen Kindern kenne. Petra ist ruhig, sagt kein Wort.

Wir gehen den Hausflur runter, als ich meinen Kollegen draußen rufen höre: »Schnell, die von der Presse sind da.« Links, auf dem Bürgersteig sehe ich einen Kameramann auf uns zulaufen, ich merke, wie Wut in mir aufsteigt, schubse das Mädchen ins Auto, werfe mich drüber und nichts wie weg.

Wir klingeln bei den Großeltern, sie öffnet die Tür, nimmt das Mädchen in den Arm und beide weinen. Ich auch.

Der Tod ist unwirklich, hässlich, kann stinken und ekelig sein, aber er spricht nicht, er fasst mich nicht an, er sucht keine Hilfe bei mir. Den Tod kann ich auf Distanz halten, ihn nicht an mich heranlassen. Ich kann dem Tod gegenüber kalt und sarkastisch sein, ich kann ihn wie ein Objekt behandeln. Bei den Angehörigen geht das nicht. Das sind Menschen und sie haben einen Anspruch auf Anteilnahme und damit werde ich Teil des emotionalen Geschehens.

Das ist die wirkliche Härte der Todesermittlung.

Angst ist eine einsame Insel

von Ulrich Hefner, Tauberbischofsheim

»Sie müssen mir glauben, es ist die Wahrheit!«, schluchzte die junge Frau auf dem Stuhl gegenüber. »Ich leide weder unter Verfolgungswahn, noch bin ich hysterisch. Aber er ist da, so real, wie Sie mir jetzt gegenüber sitzen.«

Ich räusperte mich. »Sie wissen wie er heißt und wo er wohnt?«

Die Frau schüttelte den Kopf. Ihre blonden Strähnen fielen ihr in die Stirn.

»Ich sagte doch schon, ich kenne ihn nicht«, spie sie mir ins Gesicht. »Plötzlich war er da, einfach so. Er stand direkt vor mir. Er hat gelacht. Sein Lächeln ist so … ich bekam eine Gänsehaut.«

»Und dann?«

»Was und dann?«

»Was haben Sie gemacht, als er vor Ihnen stand?«

»Was schon?«, antwortete sie. »Ich bin weggelaufen. Ich bin in meine Wohnung gerannt, habe die Türen verriegelt und die Rollläden geschlossen.«

»Sie leben alleine?«

»Ja.«

»In der Goethestraße?«

»Genau, im Erdgeschoss«, antwortete sie ungehalten. »Mein Name ist Priska Weber, ich bin siebenundzwanzig, ledig und zurzeit arbeitslos. Aber das habe ich doch alles bereits erzählt.«

Sie war verärgert, fast schon wütend. Offenbar war ich ihr zu langsam, zu umständlich, zu wenig einfühlsam oder was auch immer.

Sie erzählte ihre Geschichte und ich schrieb Satz für Satz in das Protokoll. Sie erzählte von den Anrufen, manchmal bis zu zehn mitten in der Nacht, ohne dass jemand ein Wort sagte. Sie erzählte von dem geheimnisvollen Unbekannten, der sie verfolgte und sich, wenn sie ihn zur Rede stellen wollte, quasi in Luft auflöste. Und sie erzählte von den Gegenständen im Gemeinschaftskeller des Mietshauses, die inzwischen weggekommen und nie wieder aufgetaucht waren. Wertlose Dinge, meist nur irgendwelcher Kram, wie zum Beispiel die drei Plastikrosen vom Rummelplatz, die vor einer Woche weggekommen waren.

Am Ende war die Vernehmung dreieinhalb Seiten lang und ich war am Ende meiner Kräfte.

»So, jetzt kennen Sie die Geschichte«, sagte die junge Frau zum Abschluss. »Schnappen Sie sich den Kerl und bringen Sie ihn hinter Gitter, damit ich endlich Ruhe vor ihm habe.«

Sie erhob sich und strebte zur Tür.

»Moment!«, hielt ich sie zurück. »Nicht so schnell.«

»Was ist denn noch?«

»Alles, was Sie mir bislang erzählt haben, rechtfertigt noch keine Verhaftung. Eigentlich, wenn ich es mir recht überlege, liegt noch gar nichts Gravierendes vor. Zumindest nichts wirklich strafrechtlich Relevantes.«

Ihr bitterer Blick traf mich mit voller Wucht. »Das ist nichts Relevantes!«, wiederholte sie scharf.

»Na ja«, beschwichtigte ich. »Die Anrufe vielleicht schon. Wenn man nachweisen könnte, dass ... ich meine, kurzum, wir brauchen Beweise. Und die Dinge, die aus ihrem Kellerraum verschwunden sind, waren nichts Wertvolles. Ich glaube nicht, dass er dafür in das Gefängnis muss, wenn wir ihn bei Ihrer Beschreibung überhaupt kriegen.«

Ich verkniff mir meine weiteren Gedanken.

»Trotzdem will ich sehen, was ich für Sie tun kann«, sagte ich zum Abschluss und ließ sie das Protokoll unterschreiben. Es war eine Floskel, nicht mehr und nicht weniger, aber ich hatte genug gehört. Nachdem sie gegangen war und ich mein kleines Büro verließ, begegnete mir mein Kollege Steffen auf dem Flur.

»Du, sag mal«, fragte er, »war das nicht die Weber?«

»Kennst du sie etwa?«

Er lächelte. »Kennen ist zuviel gesagt. Ich bin froh, wenn ich sie von hinten sehe. Geht das nun schon wieder los? Ich dachte, dein Vorgänger Helmut hatte ihr die Hirngespinste ausgetrieben.«

»Hirngespinste?«

»Ein großer dunkler Kerl, der nichts besseres zu tun hat, als die Weber zu verfolgen. Anrufe, und was weiß ich noch alles. Ein halbes Jahr war jetzt Ruhe. Ich dachte, sie ist längst in der Psychiatrie.«

»Das heißt, an der Sache ist nichts dran?«, fragte ich schockiert und dachte an mein langes Protokoll.

»Helmut hat sich früher um sie gekümmert«, erwiderte Steffen. »Vor zwei Jahren stand sie fast wöchentlich auf der Matte. Helmut konnte es mit ihr. Irgendwann hörte das auf. Ich glaube, der Helmut hat ihr die Leviten gelesen und das hat gewirkt. Sie hat manchmal ganz schön genervt.«

Helmut war vor einem halben Jahr in Pension gegangen, jetzt hatte ich seinen Posten beim Ermittlungsdienst des Polizeireviers eingenommen. Steffen schmunzelte.

»Du hast ihr doch nicht etwa geglaubt.«

»Es war ... ich ... es klang alles ... es klang real.«

Steffen schüttelte den Kopf. »Glaub mir, da ist nichts dran an der Sache. Sie hat damals angeblich Anrufe mitten in der Nacht erhalten. Jemand hat in das Telefon gestöhnt und aufgelegt.

Wir haben es überprüft. Es konnte gar nicht sein, ihr Telefon war abgemeldet, weil sie die Gebühren nicht bezahlt hatte.«

Ich glaube, ich war ein wenig verlegen. Deswegen fragte ich auch gar nicht weiter nach. In jedem Revierbereich gab es ein paar absonderliche Gestalten, für die das örtliche Polizeirevier die letzte verbliebene Kommunikationsmöglichkeit darstellte, weil sich niemand mehr mit ihnen abgab. Ich war erst ein halbes Jahr hier, aber bis zum Ende des Jahres würde ich auch meine Pappenheimer in der Weststadt kennen.

Zwei Wochen später, ich wollte gerade Feierabend machen, kam Priska Weber wieder auf das Revier. Sie verlangte nach mir. Eigentlich nahm ich mir fest vor, ihr die Meinung zu sagen, als mich die Kollegen von der Wache anriefen. Aber als ich sie an der Sicherheitstür in Empfang nahm und ihr in die Augen sah, konnte ich nicht mehr. Sie wirkte noch eine Spur ängstlicher als zuletzt. Ihre geröteten Augen flogen fahrig hin und her. Bei jedem lauten Ton zuckte sie zusammen. Ihre Hände zitterten und ihre Haare waren zerzaust.

»Er war wieder hinter mir her«, stöhnte sie. »Ich bin ihm nur knapp entkommen. Unten, an den alten Bahngleisen.«

Die Angst lag offen in ihrem Gesicht. Konnte man diese tiefe Furcht vortäuschen?

Ich nahm sie mit in mein Büro und hörte mir ihre Geschichte an. Ich schrieb ein Protokoll und ließ es am Ende unterschreiben. Als sie mich verließ, waren meine Kollegen längst schon zu Hause. Ich hatte es nicht fertig gebracht, sie einfach wegzuschicken. Ich riet ihr, sich zu Hause einzuschließen und sich zu melden, sobald sie etwas Verdächtiges bemerkte.

In dieser Nacht fuhren die Kollegen von der Streife dreimal vergebens zu ihrer Adresse. Insgesamt rief sie achtmal auf dem Revier an, bis sie der Kollege von der Leitstelle mit barschen Worten zurechtwies und ihr überdies sogar noch mit einer Anzeige wegen des Missbrauchs von Notrufeinrichtungen drohte.

Eine Woche später, so erfuhr ich, wollte sie wieder zu mir und Anzeige gegen ihren unbekannten Verfolger stellen. Ich hatte zum Glück Urlaub. Hartmann nahm sich ihrer an und ließ sie kurzerhand in die Psychiatrie einweisen.

Zwei Wochen später, es war ein düsterer und regnerischer

Tag, fuhr ich zusammen mit Steffen Nachtstreife, als uns ihr Notruf erreichte.

»Fahrt mal zu der Spinnerin in der Goethestraße«, hieß es über Funk. »Die Weber hat angeblich wieder Besuch. Jemand hat an ihrem Schlafzimmerrollladen gerüttelt.«

»Die Weber«, sagte ich. »Ich dachte, die ist in der Psychiatrie.«

»Ach, die lassen doch jeden wieder laufen«, antwortete Steffen. »Ein paar gelbe Pillen zur Beruhigung, ein paar rote für das Glücksgefühl und schon kannst du wieder gehen.«

Die Goethestraße war kaum vier Minuten von unserem Standort entfernt. Ich drückte auf das Gaspedal.

»Du brauchst nicht so zu rasen«, wies mich Steffen zurecht. »Da ist doch wieder nichts an der Sache. Die spinnt mal wieder. Ich wusste gar nicht, dass bald wieder Vollmond ist.«

Ich fuhr trotzdem zügig. Ich hatte ihr ängstliches Gesicht vor Augen und fragte mich, welche Qualen sie in ihrem Wahn wohl erdulden musste. Denn eines war für mich sicher: Auch wenn es den unheimlichen Fremden nicht gab, so steckte dennoch diese abgrundtiefe Furcht in ihr.

Als wir in der Goethestraße ankamen, regnete es wie aus Kübeln.

»Ich warte hier«, sagte Steffen. »Aber mach nicht so lange.«

Ich beeilte mich, dennoch war ich triefnass, als ich am Eingang ankam. Ich klingelte. Sie meldete sich mit krächzender Stimme an der Sprechanlage. Ich sagte ihr meinen Namen.

»Gott sei Dank«, stöhnte sie. »Er muss noch hinten sein. Ich höre ihn noch am Rollladen.«

Ich zog meine Pistole und umrundete das Haus. Ihr Schlafzimmer lag nach hinten heraus. Eine ausgedehnte Wiese befand sich hinter dem Haus. Doch nirgends war jemand zu sehen. Ich suchte nach Spuren. Fehlanzeige.

Selbst auf dem kleinen schmalen Fußweg, der um das Haus führte und noch trocken war, weil er zum Teil unter dem Dach lag, war nichts zu erkennen. Nicht ein einziger feuchter Abdruck. Wie sollte der Unbekannte an das Schlafzimmerfenster gelangt sein? Auch rund um das Fenster war es trocken. Hier konnte niemand gewesen sein.

Ich fühlte mich ein wenig genarrt von der jungen Dame. Das Regenwasser lief mir in meinen Kragen. Als ich erneut klingelte, öffnete sie sogleich die Tür.

Es war ein kurzes Gespräch, und – wahrscheinlich war es dem Regen zu verdanken – es war ein relativ einseitiges Gespräch. Diesmal ließ ich mich nicht von ihrem Gesichtsausdruck beeindrucken. Diesmal sagte ich ihr die Meinung.

»Aber ich bin sicher … er war am Rollladen«, schluchzte sie, als ich mich zum Gehen wandte.

»Niemand war dort draußen!«, erwiderte ich energisch. »Keine Menschenseele. Das alles spukt nur in Ihrem Kopf herum. Und jetzt lassen Sie uns endlich in Ruhe. Wir haben andere Aufgaben, als uns um die Psychosen überdrehter Hausfrauen zu kümmern.«

»Ich habe … ich habe Angst«, entgegnete sie schwach, doch ich reagierte nicht darauf. Ich wandte mich um und ging.

Ich sah sie ein halbes Jahr nicht mehr wieder.

Es war Ende Oktober, als wir den Notruf aus der Goethestraße erhielten. Der Anruf kam von einem Mitbewohner des Hauses, der in der Nacht seltsame Geräusche und laute Musik aus der Wohnung unter ihm wahrgenommen hatte. Nachdem zur Mittagszeit die Rollläden der Wohnung immer noch geschlossen waren und sich niemand rührte, alarmierte er die Polizei. Noch immer drang das sonderbare, dumpfe Geräusch durch die Tür. Es klang wie das hilflose Klopfen eines geschwächten Menschen. Es gab keinen Zweifel, wir mussten dort hinein. Nachdem wir mehrfach geklingelt und laut gerufen hatten, suchten wir nach einem Zugang. Das kleine Badfenster neben der Tür war die einzige Möglichkeit.

Ich nahm meine Taschenlampe zur Hand. Sekunden später splitterte die Scheibe. Das Klopfen wurde lauter. Ich öffnete das Fenster und kletterte hindurch. Schweiß lief mir über die Stirn.

In der Wohnung roch es muffig. Ich trat in den kleinen Flur. Das Klopfen kam aus dem Wohnzimmer. Vorsichtig öffnete ich die Tür. Auch dort war es dunkel. Der Strahl meiner Taschenlampe tastete sich in die Dunkelheit vor. Plötzlich erstarrte ich.

Sie hing unterhalb des Fensters. Sie war nur leicht bekleidet. Ihr Körper war weiß. Ich näherte mich. Sie hatte das dünne Seil um den Fensterriegel geschnürt, die Schlinge um den Hals gebunden und sich, am Boden kniend, rückwärts in die Schnur fallen lassen. Sie musste vor mehreren Stunden gestorben sein.

Das Klopfen kam aus den Lautsprechern einer Stereoanlage. Der Plattenteller des Plattenspielers rotierte noch immer und die Nadel des Arms stieß im gleich bleibenden Rhythmus gegen das Ende der Plattenrille.

Ich schaltete die Anlage ab und das Klopfen verstummte.

Sie hatte *»Tears in Heaven«* von Eric Clapton aufgelegt, als sie sich auf ihren letzten Weg begeben hatte. Neben ihr lag ein Notizzettel. Mit krakeliger Schrift hatte sie ein paar Worte darauf geschrieben.

Er ist immer in der Nähe, ich kann ihm nicht entkommen.

Es gibt nur einen Weg ...

Ich habe Angst ...

Ich schüttelte den Kopf. Priska Weber war tot.

Ich trug eine Uniform und kannte die Gesetze, ich besaß Handschellen und an meiner rechten Seite steckte eine Waffe in meinem Holster, aber ich fühlte mich hilflos, ohnmächtig und schlecht, als ich vor ihr stand. Ich konnte ihr nicht helfen. Ich hatte nichts für sie getan. Ich ließ sie alleine in ihrem Schicksal zurück, alleine auf ihrer einsamen Insel, dieser einsamen Insel der Angst.

Wie einen Angehörigen verlieren

von Frank Bartel und Volker Uhl, Ludwigsburg

Ich blicke bei minus 25 Grad auf den vereisten Sorsavesi-See in Ostfinnland. Vor mir ein weißes Blatt Papier, ein Kugelschreiber und zwei Wochen Zeit. Winterurlaub. Diesmal wird es klappen. Ich werde meine Geschichte aufschreiben, werde von diesem Einsatz am Neujahrsmorgen berichten.

Ich glaube, ich schreib lieber erst mal von der jungen Mutter, die eines Tages einfach tot in der Wohnung umfiel. Es war wie in einem Albtraum, als uns die zwei kleinen Kinder immer wieder fragten, was denn mit ihrer Mami wäre.

Oder soll ich über die Bahnleiche schreiben, bei der mein Kollege mir beichtete, dass seine Schwester sich ebenfalls umgebracht hatte. Oder über den Tag, als die alte Oma an unserer Dienststelle klingelte …

Ich weiche meiner Geschichte aus. Auf dem Blatt stehen ein paar Stichwörter. Fakten. Zu mehr bin ich nicht fähig. Die aufkommenden Gefühle scheinen zu heftig. Ich mache erst mal eine kurze Schreibpause.

Die Pause dauert vier Tage. Nächster Versuch.

Bis zum Urlaubsende ist es bei den paar Stichwörtern geblieben.

Die Märzsonne scheint durch mein Bürofenster. Ich habe Feierabend und gemeinsam starten wir den nächsten Anlauf.

Meine Gedanken gehen zurück an jenen Neujahrsmorgen. Ich hatte Frühschicht. Kurz nach fünf war Ablösung. Entsprechend kurz fiel die Silvesterfeier aus. Mit einem Glas Sekt hatte ich mit meiner Freundin auf das kommende

Jahr angestoßen und bestimmt wieder den Entschluss gefasst, das Rauchen aufzugeben.

Ich machte die Runde und schüttelte allen Kollegen die Hand und wünschte das Beste für das neue Jahr. Bevor ich am Ende angekommen war, funkte das benachbarte Revier hektisch nach Unterstützung. Im amerikanischen Wohnviertel war ein junger Student auf seine Eltern losgegangen und hatte sie schwer verletzt oder gar getötet. Jetzt hätte er sich in der Wohnung verbarrikadiert.

Mit zwei oder drei Streifenwagen rasten wir zum Einsatzort.

Dort erwarteten uns die Kollegen vom Nachbarrevier und eine Streife der Militärpolizei. Sergeant Henderson teilte mit, dass der Täter psychisch krank wäre und seine Medikamente nicht genommen hätte.

Die Verletzten waren bereits abtransportiert.

Es gab noch eine kurze Diskussion um die Zuständigkeitsfrage in der amerikanischen Wohnsiedlung. Unsere Einsatzzentrale teilte mit, dass wir zuständig wären.

Wir wussten nichts über seine Bewaffnung. Weitere Hausbewohner insbesondere Kinder, waren gefährdet. Seine Festnahme war unumgänglich.

Mit Thomas vom Nachbarrevier und Sergeant Henderson ging ich zur Wohnungstür im zweiten Stock. Die bereits verständigten Rettungssanitäter warteten vorm Haus.

»Police, open the door«, forderte Henderson mit lauter werdender Stimme. Er öffnete nicht. Wir traten die Tür ein und standen direkt in einem riesigen Wohnbereich. Niemand da.

Wir liefen geradeaus durchs Wohnzimmer in den schmalen Flur. Von dort gingen links und rechts mehrere Türen weg. Irgendwie wussten wir gleich, wo er sich eingeschlossen hatte. Es war das Badezimmer.

Henderson kam wieder zum Einsatz: »Police. Open the door.« Auf seine mehrmalige Aufforderung erfolgte keinerlei Reaktion.

Mit einem Brecheisen drückten wir die Tür im oberen Bereich einen Spalt auf und sprühten Tränengas ins Innere. Eine ganze Patrone. Warten. Nichts geschah.

Die Tür gegenüber dem Badezimmer war nicht abgeschlossen. Wir öffneten sie und standen unter deren Rahmen. Hatten so eine, wenn auch kurze, Rückzugsmöglichkeit.

Trotz des Tränengases kam er nicht raus.

Wir entschlossen uns, die Tür einzutreten, sprachen uns ab. Wollten ihn gleich schnappen und nach vorne auf den Boden ziehen.

Thomas und Henderson sicherten mit gezogenen Waffen, während ich mich an der Wand abstützte, mit meinem rechten Fuß ausholte und gegen die Tür trat. Die Tür sprang auf.

Er kam mit erhobenen Händen rausgestürzt. In den Händen hielt er jeweils einen schmalen, etwa 20 Zentimeter langen Dolch. Bereit zum Zustechen.

Blitzschnell hatte ich meine Waffe aus dem Holster gezogen. Nachdem die Schrecksekunde vorbei war, fielen Schüsse. Es klang wie ein Schuss. Ob ich zuerst geschossen hatte, weiß ich nicht.

Die Treffer hatten keine Mannstoppwirkung. Er lief weiter auf uns zu. Wir wichen in das Zimmer zurück. Seine Schritte wurden kürzer. Er stürzte zwischen die Kollegen und mich. Seine Messer erwischten uns nicht.

Plötzlich waren alle weg. Wahrscheinlich wegen des Tränengases. Ich zog ihn am Arm in die Mitte des Wohnzimmers. Die Sanis kamen kurz rein, riefen, »das kann man nicht aushalten«, und weg waren sie.

Ich sah, dass er mehrfach getroffen war. Er hatte die Augen geschlossen.

»Wieso hilft denn niemand? Das kann doch nicht wahr sein«, dachte ich noch. Ich wurde beherrscht von den Bildern vor der Badezimmertür.

Weitere Kollegen kamen in die Wohnung. Irgendeiner sagte: »Der ist doch tot. Was willst du noch da?«

Ein junger Kollege fuhr mich aufs Revier. Ich ging in das hinterste Zimmer. Jemand brachte mir ein Glas Wasser. Einer der Schichtkollegen war immer bei mir. Plötzlich hieß es jedoch »Vergewaltigung im Tammerfeld. Täter wollte Opfer anzünden.« Ich blieb alleine zurück.

Zwei, drei Stunden später kam der Kollege von der Kripo. Er belehrte mich wegen gemeinschaftlichen Totschlages und meinte, ich solle doch Angaben machen, dann könne die Sache besser aufgeklärt werden. Ich hatte nichts zu verbergen.

Ich musste blasen. Das Alkoholtestgerät zeigte 0,0 Promille an.

Nach meiner Aussage fuhr ich nach Hause. Ich rief meine Mutter an und teilte ihr mit, was geschehen war. Es war eher ein Monolog, allerdings wirr und durcheinander. An Einzelheiten des Gespräches erinnere ich mich nicht. Das nächste Telefonat mit meinem großen Bruder war intensiver, mehr wie ein Gespräch unter Freunden.

Dann traf ich meine Partnerin. Wie sollte ich es ihr sagen, wie das Gespräch anfangen?

»Hast du schon Radio gehört?«, fragte ich sie.

Als sie mit »Warum?« antwortete, sprudelte ich los. Ich erzählte ihr die Einzelheiten, wobei ich beim Erzählen immer wieder den Eindruck hatte, dass ich mich ihr gegenüber rechtfertigen wollte. Es war ein langes Gespräch.

Den Nachtdienst machte ich frei. Zum nächsten Umlauf kam ich wieder. Ich dachte, das ändert doch eh nichts, wenn du zu Hause bleibst.

Es war, als wäre mit dem jungen Mann auch ein Stück in mir selbst gestorben. Der Ausgang des Ermittlungsverfahrens war mir egal. Ich verschwendete keinen Gedanken daran. Es interessierte mich nicht.

Der Leiter der Polizeidirektion teilte mir einige Wochen später mit, dass ein Schreiben des Vaters vorliege, der mir keinen Vorwurf machen würde. Er händigte mir dieses Schreiben und die Verfügung der Staatsanwaltschaft über die Einstellung des Verfahrens gegen mich aus. Ich las beides und heftete es ab.

Der Auslöser für meine negativen Gedanken kam genau zwei Wochen später. Ein älterer Kollege klopfte mir wie ein Verrückter auf die Schulter und meinte: »Gut hast Du das gemacht.« Das wirkte viel schlimmer auf mich als der Vorwurf: »Hättest Du doch das SEK (Spezialeinsatzkommando) geholt«. Den Schmerz dieser Nadelstiche linderte ich durch die langen Gespräche mit meiner Partnerin.

Viele Kollegen sprachen mich aus Neugierde an. Mitgefühl war wenig spürbar. Egal aus welchen Motiven sie mich ansprachen: Alles schien schlimm, was irgendein Kollege dazu sagte. Leere Phrasen, wie »Wie fühlst Du Dich?«, wollte ich auch nicht hören. Ich entdeckte schließlich, dass ich so unsicher wurde, weil ich nicht mehr wusste, wie ich in den Augen der Vorgesetzten und Kollegen dastehe.

Die Frage nach dem SEK hatte sich mir gar nicht gestellt. Uns war klar, dass wir den rausholen und gut. Wie gefährlich er war, erkannten wir erst, als die Badezimmertür aufsprang. Als er auf uns zustürmte, stellte sich die Frage nicht mehr, ob wir schießen sollten. Da ging es um mein Leben.

Ein halbes Jahr später war ich auf einem Lehrgang. Als ich mich vorstellte, kam gleich ein Kommentar: »Du kommst von der Dienststelle, wo die Schießerei war«. Die Kollegen zogen darüber her und erzählten Halbwahrheiten. Ich blieb still. Hatte kein Interesse an der Richtigstellung. Ich verdrängte die Sache. Bis heute.

Ab und zu sprach ich mit meiner Partnerin und jetzigen Ehefrau an Silvester darüber. Mein Leben ging weiter und ich musste akzeptieren, dass ich einen Menschen erschossen hatte. Es war, wie einen Angehörigen zu verlieren; es bleibt Teil des Lebens, ist schmerzhaft, aber nicht zu ändern.

Ich schiebe die graue Lamellentür des Aktenschrankes zur Seite und hole *den* Ordner raus. Ich schlage ihn auf. Als Erstes kommt eine Urkunde über einen erfolgreichen 1 500-

Meter-Lauf. Dann der Zeitungsbericht über einen Einsatz mit meinem Kollegen Schmiddi, danach die letzte Beurteilung. Dann kommen die Einstellungsverfügung zu dem Verfahren um den Toten und der Brief mit dem Auszug aus der Vernehmung des Vaters. Die letzten 15 Jahre habe ich diese Stelle immer überblättert. Ich wollte diese Erinnerungen nicht haben, fürchtete mich stets vor den eigenen Gefühlen. Ich nehme den Brief des Vaters raus und lese:

»H. stellte an den CID-Vernehmungsbeamten die formelle Forderung, er (der Vernehmungsbeamte) möchte den einschreitenden Polizeibeamten mitteilen, dass er sich dessen bewusst ist, dass die Beamten innerhalb von Sekundenbruchteilen eine Entscheidung zu treffen hatten und er sich voll hinter diese Entscheidung stellt.

Außerdem, nachdem er einige Tage Zeit zum Überdenken des Vorfalls gehabt habe, er den Polizeibeamten, die die Schüsse abgefeuert hätten, auch im Namen seiner Familie sagen wollte, dass er gegen die Beamten keinerlei Feindgefühle hege und er wisse, dass die Beamten lediglich getan hätten, was sie hätten tun müssen.

H. schloss seine Aussage mit den Worten, er wisse, dass sein Sohn nun in Frieden ruhe und er als Vater sich nur an die guten Taten seines Sohnes erinnern wollte.«

Die Sonnenstrahlen wirken stärker. Ich kneife die Augen zusammen und lese die Worte des Vaters ein zweites Mal. Danach hefte ich den Brief ab, stelle den Ordner in den Schrank und schließe die Tür.

Auf der Fahrt nach Hause denke ich an meine Tochter, die mir zur Begrüßung bestimmt wieder ihr neuestes Stück auf dem Klavier vorspielen wird. Ich denke an den Vater, dessen Sohn nicht mehr zu Hause ist. Spüre dessen Schmerz, über den Verlust seines Kindes. Wie all die Jahre wird sein Schmerz mein Schmerz sein.

Um Haaresbreite

von Hans-Jochen Köpper, Titisee-Neustadt

Wie ist es, zum ersten Mal eine Waffe in der Hand zu halten? Eine richtige »Wumme«, eine »Bleispritze«, einen Colt, der in Amerika »peacemaker« heißt? Ich erinnere mich, wie uns junge Wachtmeister vor fast 30 Jahren in der Ausbildung das Fürchten gelehrt und uns folgende Regeln eingetrichtert wurden:

1. Behandle die Waffe, deren Zustand du nicht kennst, stets so, als sei sie geladen und schussbereit.
2. Übergibst du eine Waffe, nenne klar deren Ladezustand oder sage »ich weiß es nicht«.
3. Halte *nie* eine Waffe, egal ob geladen oder nicht, ohne zwingenden Grund auf dich, einen anderen Menschen oder auf ein Tier.

Neben einigen anderen Vorschriften waren diese drei die Essenz, das Ultrakernwissen, die Kurzform der Waffenbibel.

Im Western schützt bei der Schießerei ein umgeworfener Holztisch den Helden, im »Tatort« ist es eine Autotür, die dafür sorgt, dass der Kommissar auch in der nächsten Folge zu sehen ist. Selten so gelacht, Volksverdummung eben. Immer wird der Eindruck erweckt, dass alles nicht so gefährlich ist. Ein Hohn. Natürlich kann eine Schusswaffe einen Menschen töten, aber über die tatsächlichen Wirkungen herrscht Unkenntnis.

Schusswaffen, gleich welchen Kalibers, ob Kurz- oder Langwaffen, können tödliche Verletzungen hervorrufen. Das Projektil einer Polizeipistole Kaliber 38 verlässt den Lauf mit ca. 350 m/sek., das heißt mit einer Geschwindigkeit von 1 400 km/h. Das Vierfache von dem, was Schumis Ferrari bringt. Ein Vollmantelgeschoss dieser Größe, das sich beim Auftreffen nicht verformt, durchschlägt bis zu fünf hintereinander stehende Menschen. Schutzwesten bieten eine Überlebenschance, wenn sie nicht gerade im Schrank hängen. Selbst mit Schutzweste haut es einen beim ersten Treffer von den Beinen, schwere Verletzungen, Rippenbrüche oder tödliche Verletzungen bei Treffern im Herzbereich sind die unausweichliche Folge.

Bei einem Gewehr sieht es noch düsterer aus. Bei einer Mündungsgeschwindigkeit von etwa 700 m/sek. hilft nichts, außer einer schweren Stahl- oder Glaspanzerung. Es ist absolute Vorsicht geboten, immer und überall. Die Toleranzschwelle liegt daher nicht zu Unrecht bei »Null«.

Mai 1981: Seit vier Monaten bin ich nach Ende der Ausbildung mit weiteren Kollegen zur Autobahnpolizei versetzt worden; unsere erste richtige Dienststelle, mit echten Fällen. Die Unterbringung ist entsprechend der Zeit spartanisch. Wir sind im zweiten und dritten Stock eines alten Gebäudes untergebracht, unten residiert der TÜV. Knarrende Holztische und -stühle, schwarze schwere Telefone, Linoleumboden, Schreibmaschinen aus grauem Stahl.

In den Umkleideräumen stehen die Metallspinde dicht an dicht, es ist kaum Platz. Aus Faulheit entladen viele Kollegen ihre Dienstwaffe gleich dort und lassen sie im Spind liegen. Was soll schon passieren?

Gegen 19.00 Uhr kehren die Kollegen normalerweise von der Streife zurück. Vorkommnis schreiben, Umziehen, Waffe versorgen, Feierabend. Für das Entladen ist eine mit Sand gefüllte Holzkiste als Ladeecke Pflicht. Viertes Gebot.

Jürgen, wie ich ein Neuling, geht nach hinten, um sich für den Feierabend fertig zu machen. Zehn Minuten später hören wir einen ohrenbetäubenden Knall, der weder von einer zugeschlagenen Tür, noch von einer Fehlzündung eines vorbeifahrenden Autos kommen kann; eine Waffe ging los, ein Schuss hat sich gelöst. Bernd, mein Schichtführer, ein weiterer Kollege und ich schauen uns kurz an. Nach endlos langen Schrecksekunden rennen wir die zehn Meter zum Umkleideraum. Wir finden Jürgen vor seinem Spind auf dem Rücken liegend.

Alles läuft in Zeitlupe ab, wie in einer anderen Welt. Das ist doch nur wieder eine blöde Übung, ein gar nicht lustiger Scherz, auf jeden Fall nicht das, was es zu sein scheint. Bernd brüllt etwas von Krankenwagen, rennt nach vorne, telefoniert, während wir auf Jürgen schauen, dessen Gesicht immer bleicher wird. Unter seinem Rücken fließt eine dunkelrote Blutlache hervor. Wir können nichts machen, stehen starr mit schweißnassen Händen, rasendem Puls und weichen Knien.

Ein sich näherndes Martinshorn bringt uns in die Realität zurück. Sanitäter und der Notarzt kümmern sich um den Kollegen, lassen routiniert und emotionslos ihr Programm ablaufen. Wir stehen dabei. Gaffer in Uniform.

Er wird abtransportiert. Wir erhalten keine Auskunft, fühlen aber, dass es sehr ernst ist.

Es wird ein langer Feierabend und es fließt mehr als nur ein Bier. Keiner weiß warum, keiner weiß, wie es passiert ist. Keiner wagt an Suizid zu denken, keiner spricht das Unwort aus, nicht bei einem Kollegen mit 22 Jahren.

Nach zwei Wochen Intensivstation ist Jürgen über den Berg, nach acht Wochen wieder dienstfähig.

Was war passiert? Er erklärte uns, dass er das Magazin halb aus dem Griffstück zog. Um die im Rohr verbliebene Patrone auszuwerfen, zog er das Verschlussstück nach hinten, welches auf halbem Weg klemmte. Die Patrone blieb im Lauf.

Durch das Zurückziehen wurde die Waffe vorgespannt. Als nichts mehr ging, drehte er die Waffe mit der Mündung zu sich und drückte den Verschluss von sich weg. Als dieser nach vorne glitt rutschte er mit dem Daumen ab, kam an den Abzugsbügel und ein Schuss löste sich.

Das Geschoss durchschlug die linke Brust zwei Zentimeter unterhalb des Herzens, verließ den Körper, ohne ein großes Blutgefäß zu treffen, durchquerte einen Spind samt Jacken, Hosen und Hemden und blieb drei Zentimeter tief in der dahinter liegenden Betonwand stecken.

War es tatsächlich ein blödsinniger Fehler? Leichtsinn? Ich weiß es nicht.

Jahre später hat Jürgen sich erschossen.

Fast daheim

von Hartmut Wolf, Stuttgart

»Hey, Clemens, bring morgen früh meinen Koffer mit hoch. Ich nehme meine Uniform und meine Waffe mit heim, dann können wir um halb sechs gleich ausrücken.«

Mein junger Streifenpartner nickte: »Kein Problem. Mach ich. Bis morgen.«

Ich schnappe meine Sporttasche. Die gewaschene und gebügelte Uniform habe ich heute Nachmittag nicht gebraucht. Kurdendemo. Wir hätten die Gefangenen bewachen sollen. Da es aber ruhig blieb, gab es keine Festnahmen. Noch 30 Minuten mit der Regionalbahn und ich bin zu Hause.

Ich sitze in der Mitte des Abteils. Die Fenster sind aufgeklappt. Es ist Ende April und draußen noch herrlich lau. Alle scheinen gut gelaunt. Frühlingsgefühle.

Hinten steigen jetzt drei junge Kerle im Alter so zwischen 16 und 20 Jahren ein. Die sind irgendwie komisch drauf. Mir sträuben sich die Nackenhaare.

Sie setzen sich ans Ende des Abteils. Einer setzt sich zu einer älteren Frau, die in der letzten Reihe am Fenster sitzt. Der sucht doch Ärger! Er könnte sich doch zu seinen Kumpels in der Reihe davor setzen.

Meine Aufmerksamkeit wächst. Schon wird es laut. Er streitet mit der Frau. Ich würde es am liebsten nicht hören. Ich hasse es, wenn ich mich privat in den Dienst versetzen muss, um Polizist zu spielen. Ich habe Feierabend!

Recht schnell wird es wieder ruhig. Gott sei Dank! War wohl nicht so schlimm! Ich entspanne mich. Noch zwei Stationen.

Da geht es wieder los. Diesmal noch lauter. Um was es geht, kriege ich nicht mit. Jetzt zünden die Rotzlöffel Zigaretten an. Das geht zu weit.

Ich stehe auf und gehe nach hinten. Zücke meinen Dienstausweis, stelle mich vor und fordere sie auf, die Frau in Ruhe zu lassen und die Zigaretten auszumachen. Ansonsten müssten sie die Bahn verlassen.

»Was ist los, wir haben doch gar nichts gemacht!«, fährt der Typ mich gleich an.

»Doch! Fick dich, hast du zu mir gesagt!«, mischt die Frau sich ein.

»Stimmt nicht! Und jetzt halts Maul und fick dich!!«

Ich fordere ihn auf, mit den Beleidigungen auf zu hören. Er springt hoch und schlägt nach mir. Ich bin ihm körperlich überlegen, er trifft mich nicht hart. Zwischen uns entwickelt sich ein Kampf. Mir gelingt es dabei nicht, ihn entscheidend zu treffen.

Die Bahn fährt um eine Kurve. Er fällt zurück und stößt gegen seinen Kumpel, der bis jetzt regungslos vorn übergebeugt dasaß. In Zeitlupe hebt dieser den Kopf und dreht sich langsam in meine Richtung. Was für ein irrer Blick! Er hat eine frische Verletzung über dem Auge. Er steht auf und boxt nach mir. In der Enge der Bahn kommt er an seinem Kumpel nicht richtig vorbei. Es gelingt mir den Schlägen auszuweichen. Ich stoße beide von mir weg. Der Zweite fällt zurück auf die Bank. Der andere bedrängt mich weiter. Es ist zu eng hier, zu viele Fahrgäste! Niemand hilft mir.

Plötzlich steht der andere wieder. Er hat ein Messer in der Hand.

»Und, was machst du jetzt?«

Ich versuche zurückzuweichen. Habe Glück. Die beiden stehen sich selbst im Wege. Der mit dem Messer kommt nicht richtig vorbei. Doch schließlich steht er vor mir. Die Messerklinge blitzt hell auf. Über seinem Kopf holt er aus und dann zischt das Messer in einer sichelartigen Bewegung von meinem Hals bis zum Bauch. Fühlt es sich so an, wenn Stahl einem in den Körper dringt?

Der Schwung hat ihn nach vorne gerissen. Mit einem

Arm klemmt er zwischen einer Trennscheibe und einer Haltestange fest.

»Messer weg!«, schreie ich ihn an.

Verdammt, was mache ich, wenn er nicht aufhört? Ich hatte einiges in Selbstverteidigung gelernt, aber in dieser Situation scheine ich die schlechteren Karten zu haben.

Meine Hand greift nach hinten zur Pistole, die im Gürtelholster unter dem Freizeithemd verborgen steckt. Die nehme ich sonst nie mit nach Hause.

»Sag deinem Kumpel, er soll das Messer wegtun! Ich schieße sonst!«

Mir ist klar, dass ich in der Bahn nicht schießen kann. Zu viele Menschen wären gefährdet. Vielleicht reicht die Drohung.

Sein Kumpel drängt sich zwischen uns.

Die Bahn hält.

»Raus, alle raus, der hat ein Messer!«, brülle ich.

An seinem Kumpel vorbei sticht er nach mir.

Wieder schreie ich ihn an. »Messer weg!« Keine Reaktion.

Die Hand habe ich an meiner Waffe. Schritt für Schritt bewege ich mich rückwärts zur Vordertür. Ich lasse ihn nicht aus den Augen. Er sticht immer noch in meine Richtung. Hoffentlich stolpere ich nicht.

Endlich draußen. Soll ich vielleicht abhauen? Einfach weg. Lasst mich doch in Ruhe, ich hab auch Feierabend.

Nein, das wäre zu gefährlich, ihm den Rücken zu zukehren. Fairness durfte ich nicht erwarten. Der wäre mir bei Flucht mit Sicherheit in den Rücken gefallen. Aus dem Augenwinkel sehe ich die Menschenmenge. Was, wenn er plötzlich auf die losgeht?

Die Haltestelle besteht nur aus einem Wartehäuschen und einem Gleis. Auf dem Bahnsteig hat er Platz. Der Kerl fordert meine ganze Aufmerksamkeit.

Er schiebt seinen Kumpel zur Seite und kommt direkt auf mich zu.

Da ist nicht mehr viel was uns trennt, aber auch nichts, was uns verbindet. Wir bewegen uns von der Menschenmenge weg. Nur nicht stolpern, nicht fallen.

Ich ziehe meine Pistole, um ihm meine Entschlossenheit zu zeigen.

Selbst als ich die Waffe in der Hand halte und auf ihn richte, versucht er es weiter. Beim Zielen erkenne ich, dass keine Unbeteiligten gefährdet sind. Viel weiter kann ich nicht zurück, sonst falle ich von der Bahnsteigkante auf das Gleis.

Während meiner Rückwärtsbewegung ziele ich auf seinen Oberschenkel. Er stürmt weiter auf mich ein, ich weiche zurück. Er ist doch noch recht jung. Den Knall krieg ich gar nicht richtig mit.

Er läuft weiter. Der nächste Schuss. Er rückt weiter gegen mich vor, ich trete zurück. Der letzte Schuss. Er ist stehen geblieben.

Ich erkenne nicht, ob ich ihn getroffen habe. Ich spüre aber, das war's, genug geschossen. Ich starre auf den vorgespannten Hahn. Entspannen, Waffe zurück ins Holster. Holster schließen.

Er stiert mich an und macht sinnlose Stichbewegungen in meine Richtung während er langsam zu Boden sinkt. Selbst dort fuchtelt er weiter mit dem Messer.

»Du hast auf meinen Kumpel geschossen!« Der andere kommt angefegt. Den hatte ich fast vergessen. Es gelingt mir, ihn niederzuringen und auf dem Rücken zu schließen. Er tobt wie ein Verrückter. Ich bleibe auf seinem Rücken knien.

Der andere liegt ein paar Meter weiter. Das Messer hat er zwischenzeitlich fallen gelassen.

Er droht mir, fordert Umstehende auf, seinen Vater zu verständigen. Der würde mich fertig machen. Er versucht aufzustehen, kommt aber nicht mehr hoch. Später erfahre ich, dass ich ihn zweimal in den Oberschenkel getroffen hatte.

Es dauert Ewigkeiten, bis die Kollegen eintreffen. Der unter mir tobt immer noch und versucht sich zu befreien.

Ein Kollege der Kripo kommt, nimmt mich zur Seite und kümmert sich fürsorglich um mich.

Meine Frau trifft ein. Fragt, ob ich verletzt bin. Daran habe ich gar nicht mehr gedacht. Ich hatte doch den Stahl gespürt. Ich stelle keine Verletzungen fest. Nur im Bereich der Schulter ist im Stoff des Hemdes ein Schnitt.

Obwohl etwa 50 Fahrgäste im Wagen waren hatte mir niemand geholfen. Im Gegenteil. In der Gerichtsverhandlung behauptete einer der vier Zeugen, ich hätte dem Kerl hinterhergeschossen, als dieser flüchtete. Die Ballistiker konnten dies Gott sei Dank widerlegen. Selbst die Frau, der ich geholfen hatte, war zunächst zu keiner Aussage bereit.

Warum keiner geholfen hat? Vielleicht war es der Feierabend; nichts hören, nichts sehen, sich raushalten, dann kommt man in nichts rein.

Noch eine Haltestelle und ich hätte aussteigen müssen. Ich war fast daheim.

Eigentlich hätte ich an diesem Abend gar nicht in dieser Bahn sitzen sollen. Es wäre das Datum des Rückflugs nach einer einjährigen Friedensmission für die UN in Bosnien gewesen. Ich wäre mit einer Maschine der Luftwaffe in Köln-Bonn gelandet, hätte ich den Einsatz nicht bereits nach drei Monaten abgebrochen. Es schien mir dort kurz vor Ausbruch des zweiten Balkankrieges zu gefährlich – unbewaffnet in einem fremden Land.

Nicht mal drei Sekunden

von Werner Stotz, Ludwigsburg

Ich liege den vierten Tag in der Augenklinik. Die langen Tage der Dunkelheit sind vorbei. Auf dem linken Auge kann ich wieder sehen. Die Nasenwurzel hat doch einiges aufgehalten. Seit Stunden starre ich auf den Sekundenzeiger meiner Armbanduhr. Am Anfang noch verschwommen, jetzt immer klarer.

Es fällt mir schwer zu glauben, wie schnell alles gegangen ist. Erst als alles vorbei war, hatte ich die Dienstwaffe in meiner Hand registriert. »Wo war mein Bewusstsein?«

Hatte ich überhaupt bewusst gehandelt? Zum Überlegen war keine Zeit geblieben. Das Begreifen kam erst später. Da waren die drei Sekunden schon eine Ewigkeit her.

Vier Schüsse haben sich in meinem Gehirn eingebrannt. Ich kann sie jederzeit abrufen, als ob sie gerade gefallen sind. Richtig hören kann ich sie und am Klang unterscheiden.

Sein zweiter Schuss war noch nicht verhallt, als mein erster fiel. Fast zeitgleich.

Immer wieder schaue ich ungläubig auf den Sekundenzeiger meiner Armbanduhr. »Nicht mal drei Sekunden!«

Er ist tot. Das hat man mir gesagt.

Wie es mit mir weitergeht, weiß ich noch nicht. Die Kollegen ermitteln. Nicht nur zu den drei Sekunden. Die Zeit davor und danach erscheint ihnen wichtig. Mir nicht.

Nicht mal drei Sekunden. Nicht mal drei Sekunden haben mein Leben verändert.

Razzia

von Volker Uhl, Ludwigsburg

Dort, wo die Sünde auf dem Tisch tanzt und Olga, Fatma oder Natascha gerufen wird, dort, wo unterschiedliche Meinungen handfest ausgetragen und schon mal mit einem heftigen Messerstich enden, wo Sprachlosigkeit und Amnesie bei den Zeugen herrscht, wenn der Schwächere röchelnd in seiner Blutlache liegt, dort, genau dort, wollten wir heute in der Frühe einen Besuch abstatten.

Nein, wir wollten nicht an der Eingangstür klopfen, um den Türsteher zu bitten, ob wir in unserem grünen Kostüm Zutritt bekommen. Wir wollten auch nicht zu zweit kommen. Nein, diesmal hatten wir vor, die Namen aller Olegs, Olgas, Mehmets und Marias an diesem Ort zu erfahren.

Es war nach Mitternacht, als wir uns auf den Weg zur Einsatzbesprechung machten. Auf der Fahrt erklärte mir der Polizeiführer: »Wissen Sie, wenn wir uns zurückziehen, manche Orte nicht mehr aufsuchen, weil wir es kräftemäßig nicht können, es zu gefährlich für uns ist, dadurch ein rechtsfreier Raum entsteht, und alle wissen, es sollte was getan werden, dann wird es Zeit, dass gehandelt wird.«

Mit genau diesen Worten begrüßte er die 200 Einsatzkräfte im Säulensaal der Abteilung der Spezialkräfte. Pünktlich um 00.30 Uhr wurde der Beamer eingeschaltet und die Einsatzkonzeption an die Stirnwand geworfen.

Einteilung der Kräfte und Fahrzeuge, Zugriffszeiten und -taktiken erläuterte Hans, der Leiter der Spezialkräfte, in knappen Worten. Er trug eine grüne Schutzweste mit zwei Fronttaschen, in denen jeweils ein Funkgerät steckte. Ob es die Westen wohl so von der Stange gibt? Jedenfalls schienen die beiden Funkgeräte von Hans dafür Sorge zu tragen, dass wir alle nach diesem Einsatz wieder heil nach Hause kommen.

»Der Mond nimmt zu und reicht mit seinem Licht gerade aus, um sich der Disco ungesehen zu nähern«, bemerkte Hans.

Auf der Fahrt zur Besprechung hatte das Thermometer im Auto minus 7,5 Grad angezeigt. Auch dieses Detail wurde von Hans berücksichtigt. Bleistifte wurden verteilt, falls die Kulis bei der Kälte in die Knie gehen.

Alles war genau besprochen. Die zwei Messerstechereien mit lebensgefährlich Verletzten wurden erwähnt, auf den zu erwartenden Widerstand und die alkoholbedingte Unberechenbarkeit der Besucher hingewiesen.

Es schien, als werfe der Beamer auf jede Säule des Saales Schriftspuren. Ich drehte mich um: Mut, Entschlossenheit, Disziplin, Stolz, Vorsicht, wir schaffen das, passt auf euch auf!

Ich drehte mich wieder zur Stirnwand.

»Schnappt euch noch die Verpflegungsbeutel und rüstet die Fahrzeuge zum Abmarsch«, gab Hans das Zeichen zum Aufbruch.

Wir sammelten uns auf einem Parkplatz. Einen Kilometer entfernt von der Disco-Bar.

Es ist 02.55 Uhr. Wir fahren los. Mit ausgeschalteten Scheinwerfern kriechen wir über die Feldwege. Unweit des Objektes parken wir und schleichen wie geplant hinter den Zugriffskräften zur Seitentür der Disco. Wir achten auf das halbhohe Mäuerchen, das Hans uns noch auf dem Foto gezeigt hatte, damit wir nicht stolpern.

03.00 Uhr, die Türen fliegen auf und die Spezialkräfte, geübt im schlagartigen Zugriff, der keinen Widerstand zulassen sollte, rücken ein. Sie tragen Stahlhelme, darunter dunkle Motorradhauben als Vermummung. Die Aufschrift »Polizei« auf Brust und Rücken der schweren Einsatzjacke unterscheidet sie von irgendwelchen tschetschenischen

Rebellen. Die Kontrollkräfte und wir von der Kripo rücken nach. Jeder kennt seine Position.

Das Megafon schnarrt los, ist kaum zu hören.

»Hier spricht die Polizei. Verhalten Sie sich ruhig. Bleiben Sie sitzen. Legen Sie die Hände auf den Tisch und stellen Sie das Rauchen ein.«

An jedem Tisch postieren sich die Zugriffskräfte. Durch ihre Sehschlitze halten sie die Gäste im Visier. Andere filmen mit Videokameras in den Raum. Einsatzdokumentation.

Langsam, aber nur langsam, scheinen die Gäste zu realisieren, dass es ab jetzt nicht mehr nach ihrem Kommando geht.

Ich stehe an der Seitentür.

»Stellt doch mal die Musik ab!«, rufe ich einem Kollegen in der Nähe der Bühne zu.

Schräg gegenüber sitzt ein Mann alleine an einem Tisch. Sein weißes T-Shirt droht zu platzen. Oberarme dick wie Oberschenkel. Die Halsmuskulatur läuft beidseitig schräg zu den Schulterspitzen. Stiernacken wäre zu verniedlichend. Oberschenkel in Taillenformat drücken die blaue Jeanshose an den Rand der Dehnbarkeit.

Hoffentlich fährt der nicht aus seiner Haut. Wenn der loslegt …

Er wirkt riesig gegen die Beamten in seiner Nähe. Plötzlich springt er auf und trifft den ersten Beamten mit der Faust ins Gesicht. Er schlägt um sich. Ein Polizist weicht den Fausthieben aus, versucht ihn zu packen. Aussichtslos. Ein Zweiter springt hinzu. Fäuste fliegen. Ein Dritter umfasst ihn von hinten. Mit einem Schüttler, so als verscheuche ein Pferd mit dem Schweif eine lästige Bremse, verschafft sich der Koloss Platz. Rundherum verteilt er weiter Fausthiebe in die Luft und steht dann auf dem blauen Teppich alleine da. Fäuste weiter in Angriffshaltung.

Das Bild eines Boxkampfes taucht auf. Blaue Ecke – Koloss von Rhodos.

Für mich scheint dies die Schlüsselszene des Einsatzes zu sein. Wenn wir den nicht halten, werden die anderen loslegen. Massenkeilerei. Am Ende krieg ich noch eine in die Fresse.

Aus der roten Ecke wird der Angriff gestartet. Voran Hans, hinter ihm sieben oder acht seiner Leute. Sie umrunden ihn, packen ihn. Er bleibt standhaft. Das Gerangel, Geboxe und Geschiebe geht weiter. Drei Türsteher, mächtige Oberarme und V-förmiger Rücken, stehen fünf Meter entfernt. Nur drei Beamte zur Bewachung. Einer drückt immer die Faust zusammen, als pumpe er zusätzlich Blut in die Oberarme. Geschwollene Adern am Bizeps.

Oh Gott, hoffentlich greifen die nicht auch an.

Links von mir startet ein Mann einen Angriff. Er springt auf, packt einen Bierkrug am Griff, schlägt nach dem nächsten Beamten. Tisch und Stühle stürzen um, Gläser gehen zu Bruch. Der Angreifer fliegt zur Tür raus. Wird abgeführt.

Eine unbekannte Polizistenhand reicht mir den abgebrochenen Bierkrug. Ich schmeiße ihn draußen in die grüne Tonne.

Endlich geht der Koloss in die Knie. Ein Kollege kommt mir mit blutender Nase entgegen. Ich trete einen Schritt zurück. Der Einsatz ist nicht gekippt. Die Türsteher sind weiterhin unter Kontrolle.

Endlich ist die Musik aus, die Mikroanlage des DJ in Betrieb.

»Hier spricht die Polizei. Verhalten Sie sich ruhig. Bleiben Sie sitzen. Legen Sie die Hände auf den Tisch und stellen Sie das Rauchen ein!«

Dies ist das Motto der nächsten Stunden. Damit es auch wirklich jeder versteht, wird es in den Heimatsprachen der Gäste ständig wiederholt.

Alles läuft reibungslos. Die Türsteher und Großmäuligen werden zuerst abgeführt. Die Diensthunde vorm Haupteingang reagieren mit lautem Gebell auf diese Typen. Ich mache einen Bogen um die Hunde, falls deren Freund-

Feind-Erkennung ausgerechnet bei mir mal nicht funktionieren sollte.

Nach und nach werden die Beschäftigten und Gäste jeweils von Zweiertrupps zur Überprüfung abgeführt, direkt über die Straße in ein modernes Bürogebäude. An der Eingangstür ein weißes Din-A-4 Blatt »Toiletten für Einsatzkräfte 2. OG«.

In der bis zum Dach offenen Eingangshalle sind Schilder der verschiedenen Stationen aufgehängt: Personalienerfassung, Durchsuchung (Rauschgift, Waffen, Sonstiges), Fotografie. Übergabe an die Kräfte der Kriminalpolizei, falls Straftaten festgestellt werden.

Der Erste hat ein paar XTC-Pillen in der Tasche und gibt gleich freimütig zu, dass es sich bei dem Pulver im Tütchen um Kokain handelt. Der Nächste hat einen Totschläger, sein Tischnachbar ein Messer im Hosenbund. Abführen!

»Schau mal, wie die beiden rumlaufen«, sage ich zu Gabi, als zwei Wasserstoffblondierte im Minirock und tiefem Ausschnitt die Halle betreten. Die Frauen weinen und zittern am ganzen Körper. Sie balancieren auf hochhackigen Stiefeln. Zwei vermummte Kollegen geleiten sie am Arm herein. Einer trägt die Rose seiner Dame.

»Die haben ihre Helden gefunden«, meint Gabi.

Die Kollegen führen sie von Station zu Station. Am Ende des Parcours wird in der Liste neben deren Namen stehen: »unerlaubte Prostitution«.

In der Halle treffe ich Hans, frage, ob es auf unserer Seite Verletzte gegeben hat.

»Nein.«

Der Koloss sitzt mit blutverschmiertem T-Shirt in der Mitte der Halle auf einem Stuhl und drückt sich ein Taschentuch auf die Wunde im Nacken. Sieben Beamte sind zur Bewachung nötig, um ihn gefahrlos zur Wundversorgung und Blutprobe ins Krankenhaus zu begleiten. Nach sechs Stichen und der Bezahlung von zehn Euro Praxisgebühr darf er das Klinikum wieder verlassen.

Langsam leert sich das Lokal. Es wird durchsucht. Tütchen mit Rauschgift werden auf dem Boden der Disco gefunden.

Fast alle Beschäftigten sind arbeitsrechtlich nicht gemeldet.

Der Vertreter der Gaststättenbehörde teilt dem Inhaber die Schließung der Disco mit.

07.40 Uhr. Der letzte Gast ist überprüft. Hinter der Tür, dort, wo du zum Fremden in deinem eigenen Land wirst, ist es menschenleer.

Die Halle füllt sich. Immer mehr Kolleginnen und Kollegen kommen. Stahlhelme baumeln am Gürtel, die Einsatzstiefelschnüre sind locker gebunden, die Vermummung abgelegt, die Funkgeräte ausgeschaltet. Lächeln beim Zusammentreffen. Geschafft!

Die Büroräume, in denen vor Minuten noch die Besucher der Disko durchsucht wurden, sind leer, die Hinweisschilder abgehängt, die Kameras abgebaut, die Papierkörbe geleert.

Eine nicht zuordenbare Stimme flüstert: »Noch fünf Minuten.«

Das Gemurmel nimmt ab.

»Dritte Gruppe – angetreten«, flüstert deren Führer seiner Mannschaft zu. Sein Blick streift durch die Reihen. Alle sind da.

Ich lehne an einem Stehtisch. Fast automatisch stehen Gabi und ich stramm. Mein Herz pocht. Eine Erregung, eine für die Polizei ungewohnte Spannung, ergreift uns. Es wird still. Niemand räuspert sich. Keiner will diese Stille, die das Ende des Einsatzes zu etwas Besonderem erhebt, stören.

Hans, der Kommandoführer tritt nach vorne. Er dehnt diesen Moment, wartet, bis der Letzte an seinem Platz steht, das Gemurmel verstummt ist.

»Kolleginnen und Kollegen. Niemand von uns wurde verletzt, der Einsatz hat hervorragend geklappt. Die 204

Besucher wurden in Rekordzeit entsprechend dem Auftrag des Polizeiführers überprüft. Vielen Dank für euern Einsatz.«

Hans gibt dem Polizeiführer ein Zeichen. Dieser tritt vor die Reihen.

»Es hat sich gelohnt. Ich bin über ihr Engagement und ihren Einsatz sehr erfreut. Vielen Dank dafür.«

Wir Einsatzkräfte scheinen das zu wissen. Stolz schwingt mit, zu hören, dass diese Razzia klappte, weil alle diszipliniert als Team agierten.

Es ist Januar. 08.10 Uhr am Sonntagmorgen. Draußen zeigte das Thermometer acht Grad minus.

Zwei Wochen später wird der Schuppen wieder geöffnet. Igor Stroman, ein Freund des Pächters, erhält eine vorläufige Konzession.

Wie so oft im Leben, geht es nicht ums gewinnen oder verlieren. Es geht um die Hoffnung, dass das Gute irgendwann das Böse besiegen wird.

Die Dealerin, die Tochter, der Vater

von Jörg Schmitt-Kilian, Koblenz

Ich blättere wieder in der Ermittlungsakte.

Der Polizei-Computer hat keine Erkenntnisse über Jenny Fischer ausgespuckt.

Sie verkauft das Heroin nur an junge Mädchen, unter anderem an eine Sabine ...

Sabine! Ich spüre sie wieder, die Risse in meiner Seele.

Sabine heißt auch meine Tochter. Alle nennen sie Bine.

Bine, wie nahe hast du am Abgrund gestanden?

Bei diesem Gedanken fürchte ich, im Sog der Gefühle zu ertrinken.

Apropos Trinken.

Der Unfall geschah am helllichten Tag:

Trunkenheit am Steuer.

Sechs Monate Führerscheinentzug.

Dienstordnungsverfahren.

Beamte werden doppelt bestraft.

Bei der Vernehmung fragte keiner, warum ich mich so zugeknallt hatte.

Vermutlich hätte ich den Grund verschwiegen, denn der Grund war Bine.

Bine ist so alt wie die Mädchen, denen Jenny den Stoff verkauft, den Stoff aus dem die Träume sind.

Welche Träume hatte Bine?

Ich weiß bis heute nicht, welche Träume Bine hatte. Aber ich weiß eines: sie wurden an dem Tag zerstört, an dem unsere kleine Familie auseinanderbrach.

Wir hatten uns entfernt, ohne es zu bemerken. Dabei hatte es früher Augenblicke großer Nähe zwischen mir und meiner Frau gegeben. Bei der Scheidung wurde ihr das Sorgerecht übertragen.

»Wann wollen Sie sich denn bei Ihrem Lebenswandel um die Kleine kümmern?«, hatte die Familienrichterin mich gefragt.

Ich konnte kein vernünftiges Argument entgegnen, fand es aber unfair, das Wort Lebenswandel im Zusammenhang mit meinem dienstlichen Auftrag zu benutzen. Meine Aufgabe war es, Mörder auf Raten hinter Gitter zu bringen, damit sie mit dem Elend junger Menschen nicht noch mehr Geld verdienen. Ich bemerkte zu spät, wie familienschädlich mein Job ist, hatte keine Kraft zum Streiten und gab auf.

Bereits vor der Scheidung war ich aus der Wohnung auf der Karthause mit einem großen schattigen Garten und Blick auf die Stadt ausgezogen. Ich mietete mir ein kleines Appartement in Pfaffendorf auf der anderen Seite des Rheins. Der Stadtteil wird »rheinisches Nizza« genannt. Auf den kleinen Balkon schien die Abendsonne bis kurz vor ihrem Untergang. Dennoch war ich in jener Zeit alles andere als auf der Sonnenseite des Lebens.

Meine Frau und ich sprachen nach unserer Trennung mehr miteinander, als wir es je zuvor getan hatten. Es waren keine erfreulichen Telefonate.

Ich kann mich nicht mehr an einzelne Situationen erinnern, die Horror-Botschaften der Anrufe hallen heute noch wie ein Echo in meinen Ohren.

»Bine kifft.«

Bine kifft?

»Bine ritzt sich.«

Bine ritzt sich?

»Bine ist abgehauen.«

Abgehauen?

Wovor?

Wohin?

Zu wem?

»Gib eine Vermisstenmeldung auf. Das ist wohl das Geringste, was ich von dir erwarten kann, damit dein Scheißjob für etwas gut ist.«

Bine kam wieder nach Hause. Ich weiß bis heute nicht, wo und bei wem sie sich die vierzehn Tage aufgehalten hat. Die Angst, sie würde wieder abhauen, hat meine Fragen unterdrückt.

Dann erhielt ich auf meiner Dienststelle, in dem hässlichen Zweckbau am Moselring, den Anruf, der mein Leben veränderte.

»Bine hat versucht sich umzubringen!«, sagte der Arzt am anderen Ende der Leitung.

Ich rannte zu meinem BMW, setzte das Blaulicht auf das Dach des Zivilfahrzeuges, raste mit eingeschaltetem Martinshorn aus der Tiefgarage, schleuderte durch den Moselring und erreichte die Notaufnahme im Krankenhaus Kemperhof in Rekordzeit.

»Ihre Tochter hat sich die Pulsadern aufgeschnitten!«, empfing mich ein junger Arzt an der Notaufnahme.

Ich rannte zur Intensivstation, der Arzt lief hinter mir. Er sah so gut aus wie der Hauptdarsteller der Arztserie im Fernsehen.

Aber das hier war die grausame Wirklichkeit.

»Wissen Sie, dass Ihre Tochter Ecstasy nimmt?«, fragte er.

Für mich brach eine Welt zusammen.

Kiffen.

Ritzen.

Lebensmüde.

Und nun auch noch Chemie?

Ich hörte die Worte des Arztes wie ein Echo:

»… sie braucht einen Vater, der Zeit für sie hat!«

Ich schäumte vor Wut und blieb stehen.

Dann fasste ich den Arzt am Arm und drehte mit der anderen Hand den Kragen des Arztkittels fest zu.

»Haben Sie mit meiner Frau gesprochen?«

Er benutzte ihre Worte.

Es war ihr Vorwurf, mich zu viel um den Job und zu wenig um die Familie zu kümmern.

Meine Spucke spritzte vor Aufregung in das Gesicht des jungen Arztes.

Er blickte mich erschrocken an.

Ich lockerte meinen Griff und flüsterte ein kaum hörbares »Entschuldigung!«

Jetzt erst erkannte ich ihn.

Es war unser Nachbar auf der Karthause. Der junge Mann hatte kurz vor meinem Auszug eine Wohnung im Haus nebenan gemietet. Er war bestens informiert. Es hatte den Anschein, als habe meine Frau sich bei ihm ausgeheult. Wenn ich in diesem Moment nur den Hauch einer Ahnung gehabt hätte, dass er für meine Frau mehr als nur ein Nachbar war, hätte ich ihm eine reingeschlagen.

Stattdessen schämte ich mich für meinen körperlichen Angriff und stammelte verlegen:

»Kann ich zu ihr?«

Der Arzt rieb sich die Spritzer von der Wange.

Ich glättete unbeholfen den Kragen des schneeweißen Kittels.

»Sie ist momentan nicht bei Bewusstsein.«

Das Herz klopfte mir bis zum Hals, als ich den Raum betrat.

Bine lag wie ein Häufchen Elend im Bett.

Ihre junge Haut schimmerte durchsichtig im matten Licht des Krankenzimmers. Im rechten Handrücken steckte eine Kanüle. Die Adern traten auf den dünnen Armen wie feine blaue Wollfäden hervor.

Neben dem Bett stand ein Gestell mit einer Flasche, aus der eine weiß-gelbliche Flüssigkeit in den Schlauch tropfte.

Bines Körper war abgemagert. Ihr Gesicht mit Schweißperlen übersät. Der Brustkorb hob und senkte sich ganz langsam, fast wie in Zeitlupe. Sie verzog schmerzhaft das Gesicht, öffnete gleichzeitig ihre halb geschlossenen Augen und starrte mich an. Sie wollte etwas sagen, aber kein einziges Wort kam über ihre blutleeren schmalen Lippen.

Auch ich fand keine Worte und hielt nur stumm ihre Hand. Ich habe es nicht sehr lange ausgehalten, fühlte mich schuldig und verließ fluchtartig den Raum.

Die Blicke des Arztes beim Verlassen der Intensivstation trafen mich wie eine stumme Anklage.

Als Vater hatte ich versagt. Die ständigen Vorwürfe meiner Frau tanzten wirr in meinem Kopf und texteten mich von allen Seiten zu: »Du hast dich noch nie um die Erziehung deiner Tochter gekümmert. Du warst auf keinem einzigen Elternabend. Du hast nur mit Bine gesprochen, wenn dir etwas an ihr nicht gefallen hat. Wenn sie Scheiße gebaut hat, war sie meine Tochter und wenn sie was Tolles geleistet hat, war sie deine Tochter. Du hast nur gefordert und kritisiert und niemals …«

Ich hielt mir auf dem Weg zum Auto die Ohren zu. Aber die vorwurfsvollen Worte verstummten nicht, denn sie schrien von innen. Sie pochten wie ein Echo in meinen Schläfen. Mein Kopf schien zu explodieren.

Es gab zwei Möglichkeiten Abstand zu gewinnen.

Arbeiten oder Saufen.

Ich fuhr in eine Kneipe in der südlichen Vorstadt. Eine der wenigen, in der mich niemand kannte.

Die Südbrücke war noch breit genug für eine Fahrt in Schlangenlinien, aber beim Abbiegen nach Pfaffendorf prallte ich gegen die Verkehrsinsel.

Unfallursache: »Nicht angepasste Geschwindigkeit und Alkoholeinfluss«, stand auf der Verkehrsunfallanzeige.

Aber es war kein Unfall.

Die Tatsache, dass ich bei der Trunkenheitsfahrt einen Dienstwagen benutzt hatte, machte alles noch viel schlimmer.

Bine ist jetzt siebzehn, so alt wie die Mädchen, denen Jenny das Heroin verkauft. Meine Tochter hat es geschafft.

Ich bin glücklich und erleichtert. Wir sehen uns ab und zu.

Aber immer noch habe ich Angst um sie. Das wird sich nie ändern.

Jenny F. Die Beschriftung des roten Deckels der Ermittlungsakte erinnert mich an den Grund meiner Dienstreise. Ich bin froh, dass ich nach Abschluss des Disziplinarverfahrens wieder arbeiten darf. Man hat mir eine zweite Chance gegeben. Wäre ich aus dem Dienst entlassen worden, ich weiß nicht, was ich getan hätte.

aus: Schmitt-Kilian: »Die Dealerin und der Kommissar«*, das Buch zum TV-Film* »Jenny«

Auf Leben und Tod

von Rüdiger Kucklick, Hamburg

Ein gewaltiger Zorn kam in mir auf. München. Olympisches Dorf, ausgebrannter Hubschrauber, tote Sportler und Avery Brundage mit seinem »The games must go on« verfolgte ich vor dem Bildschirm. Ich hörte von den Fehlern der einschreitenden Kollegen, die ich nicht begreifen konnte oder nicht verstehen wollte.

Ich selbst drehte als Polizeimeister meine Runden im Bereich des Hamburger Fischmarkts, als Ende 1972 auch in Hamburg ein Mobiles Einsatzkommando (MEK) als Folge des Olympiaattentats aufgestellt wurde. Anfang November bewarb ich mich, Ende des Monats erhielt ich die Zusage und rückte zwei Tage vor Nikolaus in die Kaserne der Hamburger Bereitschaftspolizei ein.

Meine Jugendjahre in der Rugbymannschaft und die Fallschirmjäger- und Einzelkämpferausbildung der Bundeswehr sollten sich in den folgenden Jahren als Vorteil erweisen. Körperliche Fitness stand stets an erster Stelle.

So waren wir auch im April 1975 während des Frühdiensts beim Fußballspiel. Wir verließen die Alsterdorfer Halle erst, als wir kaum mehr einen Fuß vor den anderen setzen konnten.

Es reichte noch zum Duschen, um den Feierabend um 14.00 Uhr nicht zu verpassen. Allerdings hatten wir weiterhin Bereitschaftsdienst. Wir mussten für die Dienststelle erreichbar und schnell einsatzbereit sein.

Ich war gerade mit meinem Renault 4 zu Hause angekommen, da klingelte das Telefon und mein Innendienstleiter Lurchy gab Alarm durch: »Mönckebergstraße, Juwelier, Raubüberfall, es gab Tote. Komm sofort!«

Mit wenigen Worten sagte ich es meiner Ehefrau, gab ihr und den Kindern einen Abschiedskuss, rannte zum R 4, sprang hinein und fuhr wie ein Irrer Richtung Kaserne.

Ich überholte mal rechts, mal links den Verkehrsstrom und erreichte sehr schnell die Dienststelle, rannte in das Geschäftszimmer, wurde kurz eingewiesen, nahm den Schlüssel des Mannschaftswagens und kletterte ins Fahrzeug.

Drei Kollegen stiegen eilig zu. Wir schalteten das Funkgerät ein und setzten uns mit unserem Geschäftszimmer in Verbindung, damit die Kollegen wussten, wer in meinem Wagen alles unterwegs zum Tatort war.

Wir meldeten uns bei der Hamburger Polizeifunkzentrale an. Von dort erhielten wir erste Informationen. Es war bekannt, dass ein Täter in der Mönckebergstraße, Hamburgs größter Einkaufsstraße, ein Juweliergeschäft überfallen, Schmuck und Uhren zusammengerafft und der Geschäftsinhaberin, ihrem Mann und einer Angestellten in den Kopf geschossen hatte. Die Geschäftsinhaberin und ihre Angestellte waren sofort tot, der Ehemann lebte noch. Der Täter flüchtete in einem Taxi. Es war noch Alarm im Geschäft ausgelöst worden. Die uniformierten Kollegen waren rasch vor Ort. Ob das Taxi durch die Kollegen verfolgt wurde, war uns nicht bekannt.

Wenige Minuten später erhielten wir über Funk den Auftrag, nicht zum Tatort, sondern zum Graumannsweg zu fahren. Dort erwarteten uns mehrere Streifenwagen. Der Streifenführer teilte mit, dass sie das Taxi gefunden haben. Auf dem Fahrersitz saß zusammengesunken eine Person. Es war der Taxifahrer, dem der Täter durch den Sitz in den Rücken geschossen hatte. Er war tot. Der Täter blieb verschwunden.

Allerdings vermutete der Streifenführer ihn in einer Abbruchvilla. Er hatte entdeckt, dass eine Scheibe der Eingangstür eingeschlagen war. An der Scheibe klebte frisches Blut.

Wie der Zufall es wollte, erschien Jan, der Leiter des MEK, der sich auf einer dienstlichen Fahrt in Hamburg befand und den Funkverkehr mitgehört hatte. Mit ihm trafen die restlichen Kollegen unserer Gruppe ein. Zusammen mit dem Boss waren wir mit neun Mann einsatzbereit.

Wir hatten alle unsere Schutzwesten angelegt und jeder bewaffnete sich mit einer Maschinenpistole aus dem Mannschaftswagen, führte die Magazine ein und lud durch.

Jan teilte vier Kollegen ein, die sich an den Gebäudeseiten postierten, um ein Ausbrechen des Täters zu verhindern.

Allerdings blieb die Frage, ob der Täter überhaupt im Haus sei.

Ich erhielt den Auftrag, die Tür mit einem Brecheisen aufzubrechen, damit wir endlich mit der Durchsuchung des Gebäudes beginnen konnten.

Rettungswagen trafen ein und ein Rettungshubschrauber landete.

Etwa zweihundert schaulustige Augenpaare verfolgten uns, als wir das Haus betraten. Monzi und Schubi waren eingeteilt, die Kellerräume zu durchkämen. Muffe und ich für das Parterre. Wir betraten das erste Zimmer; immer auf Eigensicherung bedacht.

Monzi und Schubi gingen die Kellertreppe runter.

Sie waren wohl gerade im Vorraum des Kellers angekommen, als eine Schießerei ausbrach.

Kugeln schlugen durch den Boden des Zimmers, in dem ich mich gerade befand. Reed und Gips flog mir um die Ohren. Ich rannte zur Eingangstür und stürzte aus der Villa. Muffe war bereits vor dem Haus.

Wir waren davongekommen, aber was war mit Monzi und Schubi? Etwa ein oder zwei Minuten nach uns kamen sie ebenfalls ins Freie gerannt. Monzi war im Gesicht getroffen. Er wurde sofort mit einem Rettungswagen ins Krankenhaus gebracht. Schubi berichtete, dass der Täter das Feuer eröffnete, als sie den Vorraum des Kellers erreicht hatten. Monzi hatte eine Kugel genau in den Mund getroffen, er gab noch einen Feuerstoß ab, ehe er seine Maschinenpistole fallen ließ und die Kellertreppe hoch rannte. Diese Kugeln hatten den Zimmerboden durchschlagen und beinahe mich getroffen.

Jan forderte nun über Megaphon den Täter auf, das Haus zu verlassen und sich zu ergeben. Jede Aufforderung beantwortete der Täter mit einem Schuss.

Die Lage blieb gefährlich, denn die Maschinenpistole von Monzi, mit dem noch fast vollen Magazin lag im Vorraum des Kellers.

Wir rätselten, ob der Täter diese schon entdeckt und an sich genommen hatte oder ob sie nur in seinem Blickfeld lag.

Ich kroch auf allen vieren durch dic Eingangstür zur Kellertreppe und gab dort in kurzen Abständen einen Schuss mit meiner Maschinenpistole neben die am Fuße der Treppe liegenden MP ab. Sie zu holen war zu riskant, da mir nicht bekannt war, in welchem Kellerraum sich der Täter aufhielt.

Also musste eine andere Taktik angewandt werden, um den Täter zum Aufgeben zu bewegen.

Wir verließen alle das Haus, zogen unsere ABC-Masken auf, setzten Tränengasraketen auf unsere Maschinenpistolen und feuerten gleichzeitig durch alle Kellerfenster in den Keller.

Der Täter schoss durch ein Kellerfenster zurück, traf jedoch keinen von uns. Wir waren in Deckung.

War jetzt wirklich klar, in welchem Kellerraum sich der Täter aufhielt oder hatte er seine Position nach der Schussabgabe gewechselt? Wir hingen in der Luft. Irgendetwas musste passieren.

Jan ordnete an, mit scharfer Munition durch die Kellerfenster zu feuern. Wir schossen wieder gleichzeitig.

So muss sich ein Häuserkampf im Krieg wohl abgespielt haben. Bei der Bundeswehr hatte ich solch eine Übung mal mitgemacht, allerdings schossen wir da nur mit Platzpatronen.

Eine gewisse Zeit verging, es blieb still im Haus.

Mittlerweile dämmerte es und der Täter war immer noch nicht gefasst. Wir wollten ihm keinesfalls den Vorteil der Dunkelheit zur Flucht geben.

Jan kam auf mich zu, blickte mir in die Augen und fragte, »Kugel, holst du ihn?«

»Selbstverständlich«, antwortete ich. Ich hatte das zerschossene Gesicht von Monzi vor Augen und wollte ihn endlich fassen.

Sollte ich jetzt erfahren und verstehen lernen, wie es den Kollegen in München gegangen war? Ich musste einen Auftrag erfüllen, der Angst keinen Platz und mir nur wenige Gedanken und stille Worte an Frau und Kinder ließ: »Ich werde das schaffen.« Das gab mir Vertrauen.

Meine Panzerweste hatte ich immer noch an. Ich setzte erneut die ABC-Maske auf, nahm eine Handleuchte aus dem Mannschaftswagen, füllte das Magazin auf, lud meine MP durch, stellte den Sicherungshebel auf Dauerfeuer und ging Richtung Kellertreppe.

Gott sei Dank lag Monzis Maschinenpistole immer noch am alten Platz.

Die beschlagenen Gläser meiner Maske behinderten die Sicht. Aber ich hatte einen Auftrag und dieser Auftrag musste erfolgreich abgeschlossen werden.

Leise ging ich die Kellertreppe herunter und rechnete jeden Moment damit, dass sich der Täter zeigt und das Feuer auf mich eröffnet. Es blieb ruhig.

Ich griff Monzis MP, ging leise die Kellertreppe hoch, wo mir ein Kollege die Waffe abnahm. Er hatte ebenfalls seine ABC-Maske auf. Ich erkannte nicht, wer es war.

Bevor ich die Kellertreppe erneut herunterging, schaltete ich die Handlampe an und bewegte mich auf Zehenspitzen in den Vorkeller. Als ich den Eingang zum Kellerraum erreichte, wurde ich sofort aus diesem Raum beschossen. Die Lampe in meiner linken Hand zerbrach. Ich ließ die Trümmer der Lampe fallen.

Dann spürte ich einen Schlag an meiner Brust, als ich mich leicht nach links drehte. Ich zog den Abzug meiner Maschinenpistole durch und schoss mit Dauerfeuer in die vermutete Richtung des Schützen.

Es herrschte Totenstille.

Ich ging in die Knie und wartete, was passieren würde.

Es war fast dunkel, nur spärliches Licht drang durch die zerschossenen Kellerfenster in den Raum. Dieser war etwa 20 Quadratmeter groß. Ein schmaler langer Tisch befand sich im Raum. Hinter diesem Tisch sah ich etwas Dunkles liegen. Ganz vorsichtig schlich ich an dem Tisch vorbei und tatsächlich, dort lag er. Der Mann lag auf dem Bauch. Seine Hände hatte er unter dem Körper verschränkt.

Lebte der Mann noch, oder täuscht er nur vor, tot oder verletzt zu sein?

Mit aller Kraft riss ich ihn herum. In jeder Hand hielt er eine Pistole, die er auf mich richtete.

Mit einem Fußtritt schlug ich ihm die Waffen aus der Hand.

Ich packte den Mann an seinen langen Haaren. Der Kerl war mindestens zwei Meter groß und zwei Zentner schwer. Ich zog ihn in den Vorraum des Kellers, nahm meine Maske ab und schrie nach Verstärkung. Muffe und Myrthe kamen angerannt, zogen ihn die Kellertreppe hoch und legten ihn vor die Villa. Der Notarzt kümmerte sich um ihn.

Ich blieb noch kurz im Keller, hörte die Schaulustigen rufen: »Bringt ihn um, bringt ihn um!«

Ich ging noch einmal in den Kellerraum und nahm die beiden Pistolen des Täters an mich. Der Kellerboden war mit Blut getränkt. Das Schlimmste schien nun vorbei.

Als ich aus der Villa kam war es bereits dunkel. Von den Kollegen wurde ich umarmt und beglückwünscht. Jan schüttelte mir die rechte Hand und mit der linken Hand gab er mir eine Flasche Bier. Ich nahm einen großen Schluck.

Wir sammelten unsere Sachen zusammen und fuhren Richtung Kaserne.

Auf der Fahrt zog ich die Panzerweste aus und bemerkte, dass mein Hemd auf der linken Seite mit Blut verschmiert war. Es hatte einen Riss. Der Täter musste mich getroffen haben. Es hatte nur etwas auf der Brust gebrannt, als die Lampe zerschossen wurde und ich mich leicht nach links gedreht hatte. Ich untersuchte die Stelle. Einen Einschuss konnte ich nicht feststellen. Die Kugel hatte mich nur leicht angeritzt. Eigentlich hätte ich mich ärztlich versorgen lassen müssen, aber ich lehnte ab. Das Zusammensein mit meinen Kollegen war mir wichtiger.

Auf der Fahrt wanderten meine Gedanken zu meiner Ehefrau und meinen beiden kleinen Mädchen. Bestimmt hatte meine Frau das Radio eingeschaltet, um zu erfahren, was sich abspielte.

Kaum hatten wir die Kaserne erreicht rief ich bei ihr an. Sie war überglücklich, dass mir nichts passiert war; in den Nachrichten hatte sie erfahren, dass ein Polizist schwer verletzt worden war.

Bald kam die Meldung aus dem Krankenhaus, dass Monzi Gott sei Dank außer Lebensgefahr war. Die Kugel hatte ihm den Unterkiefer zertrümmert und einige Zähne ausgeschlagen.

Der Mörder starb noch in derselben Nacht.

Geblieben sind mir die Anerkennungsurkunde des Hamburger Polizeipräsidenten, die vernarbte Risswunde auf der Brust und die beruhigende Gewissheit, bis heute nicht zu wissen, ob der Täter durch mich ums Leben kam.

Jahre später entstand eine dunkle Stelle an der Narbe. Der Verdacht von Hautkrebs bestätigte sich nicht. Der Fleck erinnerte mich wieder an die Bilder im Keller der Abbruchvilla und weitere gefährliche Einsätze der kommenden Jahre.

Der Härtetest

von Helmut Welz, Göppingen

Gut marschieren, laut singen und zackig grüßen waren die Schwerpunkte unserer Ausbildung. Der Fachunterricht und der allgemeinbildende Unterricht bereiteten uns nur ungenügend auf die spätere Tätigkeit im Streifendienst vor. Unsere Ausbilder waren größtenteils alte Wehrmachtssoldaten oder hatten selbst kaum praktische Erfahrungen.

Im Frühjahr 1969 wurde ich nach Ende der Ausbildung mit drei Kollegen zum Polizeirevier Neuhausen versetzt. Die anderen drei sind schon lange nicht mehr bei der Polizei. Vielleicht bestanden sie ihren Härtetest nicht.

Walter, mein Dienstgruppenführer, war ein Kerl wie ein Bär. Im Nachtdienst trank er meist zu viel. Die jüngsten Kollegen mussten ihn dann durch die Gegend fahren. Menschlichkeit war für ihn ein Fremdwort. Schwäche durfte nicht gezeigt werden.

Nach wenigen Wochen im Streifendienst ereignete sich in Echterdingen ein schwerer Verkehrsunfall. Ein sechsjähriger Junge wurde von einem Laster überfahren.

Ich fuhr mit Walter zur Unfallstelle. Als so genannter »Härtetest«, wie Walter sich ausdrückte, musste ich unter den Laster, um den Endstand des Rades und die Lage der Kindsleiche mit weißer Unfallkreide zu markieren.

Der Kopf des Jungen war vom Vorderrad teilweise überrollt worden, so dass der Schädel regelrecht aufgeplatzt und Gehirnmasse ausgetreten war und am Unterboden des Lasters hing.

Ich bat Walter die Markierungen selbst vorzunehmen. Er meinte, dass dies ein Härtetest für mich sei, ob ich denn als Polizeibeamter überhaupt tauglich wäre.

So machte ich die aufgetragene Arbeit. Ich konnte dabei

nicht in das Gesicht des Jungen schauen. Mit Tränen in den Augen kam ich unter dem Laster hervorgekrochen.

Auf der Dienststelle machten mich meine Kollegen auf ein Stück helles Fleisch auf meiner Schulter aufmerksam. Es war Hirnmasse, die ich mit der Schulter von der Stoßstange abgestreift hatte. Mir wurde übel. Ich musste mich übergeben.

Walter meinte nur, ich sollte einen Schnaps trinken. Das tat ich. Das blieb das Einzige, was er mir nach diesem Erlebnis als Hilfe angeboten hatte.

Als mein kleiner Sohn sechs war, tauchten diese Bilder plötzlich verstärkt in meiner Erinnerung auf. Komischerweise haben mich spätere Einsätze bei tödlichen Verkehrsunfällen oder Suiziden weniger belastet. Sie blieben nicht mal in meiner Erinnerung. Wenn ich jedoch den Namen Echterdingen höre oder lese, sind diese Bilder schlagartig wieder da. Auch nach 35 Jahren.

Ich bin jetzt 58. Wenn ich mit jungen Kollegen unterwegs zu schweren Unfällen war, bemühte ich mich, diese langsam und behutsam an die belastenden Situationen des Polizeiberufes heranzuführen. Einen Härtetest führte ich mit ihnen nicht durch.

Walter erschoss sich einige Jahre später zuhause mit der Dienstwaffe. Ich habe nie erfahren, was sein Härtetest gewesen war.

Machtlos

von Tanja Woike, Essen

Und wieder habe ich Spätdienst. Es ist ein lauer Sommerabend, 18.30 Uhr und nicht viel los auf den Straßen des Bezirks. Jürgen und ich sind ziellos auf der Suche nach Menschen, die nicht nur Böses denken sondern auch tun; wir fahren Streife.

»Fahrt mal die Wache an, näheres dann da«, kommt die Aufforderung über Funk.

Was könnte denn so Wichtiges sein, dass wir unsere Streife abbrechen müssen?

Wir erfahren, dass sich ein junges Paar Sorgen um das eineinhalbjährige Kind einer Bekannten mache. Diese ging gestern Abend gegen 23.00 Uhr aus dem Haus, ist telefonisch nicht erreichbar und das Kind wäre allein zu Hause.

Das Foto zeigt eine hübsche, gepflegte Frau, Anfang 20. Ich schüttele nur den Kopf und enthalte mich ansonsten jeglicher Meinung.

Die Digitalkamera wird eingepackt und los geht's zur Adresse der jungen Mutter. Die Rollläden der Wohnung im Erdgeschoß sind heruntergelassen, und aufs Schellen öffnet niemand. Wir alarmieren die Feuerwehr, damit sie die Tür öffnet.

Wir warten, gemeinsam mit dem Pärchen. In meinem Kopf fahren die Gedanken Karussell.

»Wie kann eine Mutter ihr kleines Kind über 20 Stunden allein lassen? Was ist sie bloß für ein Mensch? Geht's dem kleinen Würmchen gut? Um einen Hund zu halten, muss man einen Hundeführerschein machen, Kinder in die Welt setzen darf jeder. Wo ist das Jugendamt?«

Mittlerweile ist der Zeiger der Uhr auf kurz nach sieben vorgerückt. Endlich treffen Feuerwehr und der Rettungswagen ein. Die Tür wird geöffnet. Ein Blick in den Flur und ich weiche innerlich zurück.

»Das darf nicht wahr sein!«, schießt es mir durch den Kopf. Im Dämmerlicht erkenne ich Pizzakartons, Flaschen, Mülltüten. Mittendrin, gleich einer Insel im Chaos, steht ein Kinderwagen. Das Kind wird doch wohl nicht tatsächlich in dieser Wohnung sein? In der Wohnung stinkt es nach Müll, Ausdünstungen und Ausscheidungen.

Rechts des Flurs befindet sich das Kinderzimmer, oder das, was es wohl sein soll. Ich gehe hinein. Mir kommt mein Essen fast wieder hoch. Mitten im Raum befindet sich ein Laufstall, indem ein kleiner Junge steht und sich am Rand festhält. Er hat nur eine Windel an, sonst ist er nackt. Er sieht mager aus, sein aufgeblähter Bauch steht hervor.

Im Laufstall liegt nur eine verdreckte Schaumstoffmatratze, ohne Bettlaken, ohne ein einziges Spielzeug. Ich bin fassungslos, spreche den Kleinen an. Er reagiert nicht, schaut mich nicht einmal an. Seine großen blauen Augen blicken apathisch Richtung Tür, ohne wirklich etwas zu registrieren. Er steht nur in seinem Laufstall, hält sich mit seinen kleinen Händchen am Gitter fest und hofft wahrscheinlich, dass seine Mutter gleich im Türrahmen erscheint.

Neben dem Laufstall stapeln sich massenhaft Mülltüten. Ich zähle die Tüten und komme auf 35. Zum Großteil sind sie mit dreckigen Windeln gefüllt.

Der Rettungswagen bringt den Kleinen zur Untersuchung ins Krankenhaus.

Er soll zur Beobachtung ein paar Tage dort bleiben. Das Pärchen fährt mit.

Ich schaue mich in der Wohnung um. Die Badezimmertür kann ich nicht ganz aufmachen, zu viele Sachen liegen dahinter auf dem Boden. Was es ist, will ich nicht wissen, doch ich muss Fotos für den Bericht machen, der am nächsten Morgen zum Richter geht. Also Augen zu (oder doch besser auf) und durch.

An den Wohnraum grenzt eine Kochzeile. Den Fußboden kann ich nicht sehen. Nicht eine Handbreit Bodenbelag ist zu erkennen. Liegt dort ein Teppich? Wenn, dann muss er sich unter den Kleidungsstücken, dem Müll, dreckigem Geschirr, Aschenbechern, Kippen, verschimmelten Essensresten, Zigarettenschachteln, Flaschen und Kinderspielzeug vor Schreck versteckt haben. Die Couch und der Tisch sind zugemüllt. Mir hat es längst die Sprache verschlagen.

Ich frage mich, wie ich reagieren würde, wenn nun die Mutter des Kleinen in der Wohnung auftaucht. Würde ich sie anbrüllen? Ihr das Elend des Kleinen genau vor Augen führen, indem ich ihr die Mülltüten vor die Füße leere? Ich weiß es nicht. In solchen Momenten schotte ich mich normalerweise innerlich komplett ab. Ich versuche das Elend nicht an mich herankommen zu lassen. Doch diesmal scheint dieser Mechanismus nicht zu funktionieren.

Meine Gedanken drehen sich immer um die Frage: »Wie kann ein Mensch in solch einem Saustall leben und sein kleines Kind so vernachlässigen?« Ich finde keine Antwort darauf. Selbst auf dem Rückweg zur Wache fehlen mir die Worte.

Ich schreibe noch die Anzeige und drucke die Fotos aus. Dann ist es neun, Dienstende. Ich fahre sofort nach Hause. Gesellige Runde mit den Kollegen und Schicht Revue passieren lassen fällt aus. Nicht heute, nicht nach solch einem Einsatz.

Innerlich habe ich die Gewissheit, dass mich dieser Blick aus den großen blauen Kinderaugen nicht so schnell loslassen wird.

Am nächsten Tag erfahre ich, dass die Mutter um halb drei Uhr morgens auf der Wache war und nach ihrem Kind fragte. Gut dass ich nicht dabei war, sonst wäre ich vielleicht doch noch handgreiflich geworden. Das Elend des Kleinen hatte mich mitten ins Herz getroffen.

Am folgenden Tag durfte die Mutter ihr Kind aus dem Krankenhaus wieder mit nach Hause nehmen. Was soll der Junge noch alles ertragen?

Eine Mischung aus Ohnmacht und Wut machte mich für Wochen sprachlos.

Persönliches Restrisiko

von Markus Scherzer, Göppingen

Es war ganz gewiss nicht mein Jugendtraum, Polizist zu werden. Wie so vieles im Leben wurde meine Berufswahl maßgeblich durch das Schicksal bestimmt.

In der Schule war ich nicht unbedingt das, was man einen Streber nennt. Ein Einstellungsberater der Polizei, der unangemeldet vor der Haustür stand, weil ich zumindest vom Alter her wohl in sein Schema passte. Eine Informationsveranstaltung bei der Bereitschaftspolizei, die für mich damals allenfalls erheiternden Charakter hatte. Ein Aufnahmetest, den ich mitmachte, weil die Kumpels auch hingefahren sind. Ein Physik- und Mathelehrer, der einem im Falle des Schulabgangs eine bessere Note in Aussicht stellte. Und schließlich ein Einstellungstest mit der Note 1, einer Note, die in der Schule allenfalls als Phantom existierte. Das waren die Komponenten, die das Schicksal für mich bereit gelegt hatte. Also schön, dann werde ich halt Polizist.

Als Sportler solltest du dort gut aufgehoben sein, und Langeweile dürfte in diesem Beruf auch nicht aufkommen.

Vor allem hatte der Einstellungsberater bei der Vorstellung des Berufsbildes »Polizeibeamter« einen Katalog von Bildern parat, dass einem jungen Burschen wie mir das Wasser im Munde zusammenlaufen konnte. Einen Porsche als Streifenwagen, einen Hubschrauber in grün/weiß, ein stattliches Pferd mit Polizeiabzeichen und einen Schäferhund als treuen und zuverlässigen Streifenpartner. Prima, dachte ich, genau meine Kragenweite. Her mit dem Porsche und lasst den Hubschrauber schon mal warmlaufen. Ich komme …

Soweit die Vorstellung. Die Realität sah anders aus. Ein

VW 1 600 als dunkelgrünes, nicht gerade attraktives Fortbewegungsmittel, ein Hubschrauber als Modell in der Glasvitrine und ein Pferd als Statist in einem Werbefilm der Polizei holten mich schnell auf den Boden der Tatsachen zurück. Das Einzige, was ich vom Schäferhund mitbekam, war dessen Perspektive, als ich während der Grundausbildung auf allen Vieren durch den Acker robben durfte.

Es dauerte drei Jahre bis zum Ende der Ausbildung und weitere zweieinhalb Jahre, bis ich die Dienststelle gefunden hatte, bei der ich mich richtig aufgehoben fühlte. Nach harter, fünfmonatiger Ausbildung wurde ich Mitglied des Spezialeinsatzkommandos der Polizei des Landes Baden-Württemberg.

In mehr als 22 Jahren fand ich dort die Herausforderung und Abwechslung, die sich jeder in seinem Beruf wünscht. Und hier fuhr ich dann auch die schnellen Autos, flog mit dem Hubschrauber und kämpfte in so manchem Einsatz Seite an Seite mit den Hunden.

Unser nie ausgesprochener, aber immer präsenter Ehrenkodex war in jeder Sekunde zu spüren: Du deckst meinen Hintern, ich den Deinen.

Ich fühlte mich als Einzelkämpfer und in der Gruppe unheimlich stark, ja fast unbesiegbar. Nie stellte sich die Frage, ob eine Aufgabe lösbar war, sondern auf welche Weise wir sie lösen werden. Nie hatten wir den Eindruck, einer Aufgabe nicht gewachsen zu sein, weil unsere Aus- und Fortbildung, insbesondere im Teamzusammenspiel, uns so sicher machte. Ziel einer jeden Aus- und Fortbildung ist es, das immer vorhandene, persönliche Risiko so weit wie möglich zu minimieren. Ganz ausschließen lässt es sich nie.

Wir nannten es Restrisiko.

Dieses Risiko ist bei Geiselnahmen oder bei der Festnahme bewaffneter Gewalttäter besonders hoch.

Solch ein Einsatz stand bevor, als am Sonntagmorgen gegen zehn das Telefon klingelte. Ich saß mit meiner Frau und unserer 14 Monate alten Tochter am Frühstückstisch. Wir genossen den Morgen, die frischen Brötchen, das Frühstücksei und vor allem unsere Kleine mit ihrem fröhlichen und unbekümmerten Lächeln. Für mich gibt es nichts Schöneres, als in die strahlenden Augen eines Kindes zu blicken. Diese schutzbedürftige Hilflosigkeit, diese reine Unschuld, dieses entwaffnende Lächeln.

»Komm sofort zur Dienststelle. Tötungsdelikt in Waldshut-Tiengen.«

Ein Abschiedskuss für meine beiden Mädels und ab ging's.

Auf der Dienststelle erfolgte eine kurze Lageeinweisung:

Am Vorabend kam es kurz vor 20 Uhr in einer Kneipe zwischen zwei bereits angetrunkenen Gästen zum Streit, in dessen Verlauf einer seinen Revolver zog und den anderen niederschoss. Streitpunkt war offenbar die Frau des Täters, die ebenfalls in der Kneipe war. Der Schütze flüchtete, das Opfer schleppte sich in das nahe gelegene Krankenhaus, wo es durch eine Notoperation gerettet werden konnte. Die Frau des Täters blieb in der Kneipe zurück. Auf seiner Flucht schoss der Täter auf Passanten, die seinen Weg kreuzten. Glücklicherweise wurde niemand getroffen.

Die Polizei nahm die Ermittlungen am Tatort auf und begann mit der Spurensicherung und den Zeugenvernehmungen. Plötzlich rief eine männliche Stimme, »Tina, komm raus, Tina, komm raus!« Wenige Augenblicke später peitschten Schüsse durch das Fenster. Alle warfen sich sofort auf den Boden.

Als der Spuk zu Ende war, standen alle wieder auf. Alle – bis auf einen. Ein Kriminalbeamter der Spurensicherung erlitt einen Lungen- und Herzdurchschuss. Obwohl das Krankenhaus ganz in der Nähe war, hatte er keine Chance. Die bereits angelaufene Großfahndung wurde intensiviert.

Wir packten die Einsatztasche, richteten die Fahrzeuge und in einem Höllentempo ging es nach Waldshut.

Als wir ankamen, war der Täter immer noch auf der Flucht. Wir erhielten sein Profil: Heiko Dorn, 33 Jahre alt,

Bürger der ehemaligen DDR, verbüßte bereits mehrere Haftstrafen, teilweise auch unter extremen Haftbedingungen. Nach seiner Abschiebung in die Bundesrepublik fiel er mehrfach durch Gewalttätigkeiten und Verstöße gegen das Waffengesetz auf. Er verbrachte jedes Jahr mehrere Wochen in den Wäldern, ernährte sich von Beeren und Würmern und führte eine Art Überlebenstraining durch.

Seine Wohnung war durchsucht worden. Sie glich einem Fitnessstudio. Er verfügte über einen Revolver Kaliber 38. Special (9 mm) und sollte nach ersten Recherchen im Besitz eines Gewehrs mit Zielfernrohr und von Handgranaten sein.

Zunächst überprüften wir alle möglichen Anlaufstationen von Dorn. Ergebnislos. Ständig kamen neue Erkenntnisse, auf die wir reagieren mussten.

Je länger es dauerte, desto weniger glaubten wir an eine baldige Festnahme. Stundenlanges Warten und Observieren kann ziemlich zermürbend sein. Du sitzt im Auto, konzentrierst dich auf dein Zielobjekt und die Umgebung und stellst dir ständig jede mögliche Zugriffssituation vor. Was tun, wenn er seine Waffe zieht, eine Geisel nimmt oder eine Handgranate zündet.

Es war schon lange dunkel, als endlich ein vielversprechender Hinweis eintraf. Der Hausmeister des leer stehenden Übergangswohnheims für Asylsuchende hatte Fußspuren im Schnee entdeckt, die zum Haus hin führten, aber nicht mehr weg. Ein Kellerfenster war eingeschlagen und von innen eine Matratze dagegen gestellt. Da sonst alle Fenster und Türen verschlossen waren, musste noch jemand im Gebäude sein.

Das dreistöckige Übergangswohnheim lag am Rande einer Ortschaft auf einer Anhöhe. Mit seinen über 70 Zimmern diente es früher als Landschulheim.

Weitere Recherchen ergaben, dass Dorn dort eine Zeitlang untergebracht war. Ein Fußmarsch von zehn Kilometern vom Tatort zu seinem Unterschlupf dürfte für ihn als Überlebenskämpfer kein Problem sein.

Wir mussten uns beeilen, um noch im Schutz der Dunkelheit an das Gebäude heranzukommen. Egal von welcher Richtung, wir mussten etwa 100 Meter über freies Gelände zurücklegen. Sollte Dorn sein Präzisionsgewehr dabei haben, könnte die Annäherung an das Gebäude schnell zum Himmelfahrtskommando werden. Unsere damaligen Schutzwesten hielten einem Gewehrbeschuss nicht stand.

Wir spielten verschiedene Möglichkeiten durch.

Vor meinem geistigen Auge sah ich einen Jäger auf seinem Hochsitz, das Gewehr im Anschlag, wie er in aller Ruhe anlegt und auf wehrlose Waldbewohner feuert, die gerade eine Lichtung überqueren. Ich sah, wie das wilde Gehoppel losgeht und keiner weiß, in welche Richtung er davon springen soll. Die einzige Chance besteht darin, dass der Jäger ein miserabler Schütze ist, oder zu Hause seine 20-Dioptrien-Brille vergessen hat. Eine solche Hoffnung durften wir bei Dorn nicht haben.

Da war es: Das Restrisiko – dieses Zusammenspiel von Glück und Schicksal.

Keiner von uns ließ bei der Annäherung das Gebäude und die vielen Fenster aus den Augen. Man glaubt gar nicht, wie lang 100 Meter sein können. Wir schafften es. Waren am Gebäude dran und rasch drin. Zeit zum Durchatmen. Die erste Gefahr war gebannt.

Im Häuserkampf war sein Gewehr zwar immer noch gefährlich, aber bei weitem nicht so effektiv. Die größere Gefahr ging von den Handgranaten und seinem Revolver aus, mit dem er unseren Kollegen getötet und eine Person lebensgefährlich verletzt hatte.

Wusste er das überhaupt? Hatte er die Nachricht aus dem Radio oder Fernsehen erfahren? Wie würde sich das auf seine Entscheidung auswirken, wenn wir ihm gegenüberstanden? Hatte er noch etwas zu verlieren? Fragen, die uns umso mehr zu ständiger Vorsicht ermahnten.

Die Durchsuchung gestaltete sich äußerst schwierig. Wir hatten nur eine begrenzte Anzahl von Beamten zur Verfügung und das Treppenhaus, das die beiden Gebäudetrakte miteinander verband, war nach allen Seiten offen. Es musste verhindert werden, dass der Eindringling das eine Gebäude durch ein Fenster verließ, während wir gerade das andere durchsuchten. Obwohl es leer stand, war das gesamte Gebäude beheizt, sodass wir wenigstens im Warmen suchen durften. Von Vorteil für uns war auch, dass sämtliche Zimmer leer geräumt waren und sich ihm dadurch keine Versteckmöglichkeiten boten.

Wir mussten besonders behutsam vorgehen. Das kostete viel Zeit. Ich hatte das Gefühl, dem Gebäude würden, einer Hydra gleich, immer weitere Zimmer nachwachsen. Es schien kein Ende zu nehmen. Wir waren bereits seit 18 Stunden im Einsatz, träumten vom Frühstück oder wenigstens einer Tasse Kaffee.

Jetzt fehlte nur noch der Dachboden. Über die schmale Treppe gelangten wir zur Tür. Langsam drückte ich die Klinke nach unten. Die Tür war nicht abgeschlossen. Ich öffnete sie nur einen Spalt, um mir einen Einblick zu verschaffen. In dem Moment, gerade als meine Augen den Türspalt erreicht hatten, rief uns aus dem Inneren eine männliche Stimme zu: »Ich geb auf, ich geb auf!«

Ich drehte mich kurz zu meinem Partner und blickte wieder ins Innere, konnte die Person aber nicht sehen. Dafür erkannte ich, wie uns ein Revolver vor die Füße rutschte. Wir öffneten die Türe weiter, vor uns stand ein Mann. Ich erkannte ihn sofort. Es war Heiko Dorn. Die Festnahme war nur noch Formsache, er leistete keinerlei Widerstand.

Jetzt sah ich, dass über die gesamte Fläche des Dachbodens die Möbel aus den Zimmern abgestellt waren. Schränke, Stühle, Betten und Matratzen boten tausend Versteckmöglichkeiten.

Der entscheidende Fehler wäre gewesen, dass wir uns mit Sicherheit auf dieses Durcheinander fixiert hätten. Die Gefahr lauerte jedoch über uns. Dorn zeigte uns sein Versteck. Wir hatten nicht erkannt, dass der Eingang zum

Dachboden rundherum aus Holzplatten gezimmert war und einige Meter in den Raum hinein ragte. Stundenlang hatte sich Dorn über diesem Eingangsbereich hinter Brettern verkrochen. Mir lief es kalt den Rücken runter. Ich malte mir aus, was wohl passiert wäre, wenn er seine Position beibehalten hätte. Wir hätten keine Chance gehabt. Sicher hätte es ihm nichts genützt, aber uns noch weniger. Und zu was er imstande gewesen wäre, bewies seine anschließende Durchsuchung. Die Trommel seines Revolvers war mit sechs Patronen gefüllt, weitere 48 hatte er lose in der Hosentasche.

Warum er aufgab, erfuhr ich nie. Ich musste nicht verstehen, wieso er keinen Widerstand mehr leistete. Ich musste es so nehmen, wie es gekommen war.

Am Montag war ich zum Mittagessen wieder zu Hause. Meine beiden Mädels begrüßten mich mit einem Lächeln und einem Küsschen.

Ich dachte an den 37-jährigen Kollegen, der Frau und vier Kinder hinterließ. Er hatte nicht wie ich das Glück an seiner Seite.

Heiko Dorn wurde wegen Totschlags zu 15 Jahren Haft verurteilt. 2003 wurde er aus der Haft entlassen.

Rico

von Kathrin Jahn, Nienburg

Es ist mal wieder die Hölle los. Stadtfest an diesem Wochenende.

10 000 Menschen haben tagsüber gefeiert, getrunken, gegessen und unsere Kleinstadt in einen riesigen Rummelplatz verwandelt. Super Stimmung bei herrlichem Wetter.

Schon nachmittags hetzten die Kollegen von einem Einsatz zum anderen. Hier eine Schlägerei, da ein Diebstahl, Zechprellerei, Ruhestörungen … all das, was eben zu Feiern unter freiem Himmel dazu gehört.

Kurz nach Mitternacht ist die Stimmung der Festbesucher umgeschlagen. Betrunkene und Schmutz überall, die Livemusik soeben zu Ende. Das Aufräumen nach der Party beginnt. Auch bei uns.

Heute bin ich mit einem Praktikanten unterwegs. Auch das noch. Gott sei Dank kennt Klaus sich schon ein bisschen aus. Wir fahren nicht das erste Mal miteinander raus, aber kennen wir uns schon? Nein, eher nicht. Noch immer ist mir unwohl, wenn ich jemanden anleiten soll. Vorbild sein. Jedes Wort muss man abwägen und irgendwie fühlt man sich beobachtet.

Der Funk krächzt. Die Leitstelle ruft.

»Wer steht günstig Allerstraße? Dort hilfloser Jugendlicher auf dem Gehweg vor dem Elektroladen!«

Wir sind zwei Straßen weg und melden uns für den Einsatz an.

Zwei Minuten später sind wir dort.

Der Junge auf dem Gehweg ist 15 Jahre alt. Es ist Rico. Ein alter Bekannter.

Um ihn herum seine Kumpels, aufgeregt, hilflos. Ich kenne sie schon länger. Jetzt sind sie handzahm, kleinlaut.

Rico liegt in einer Pfütze seines Erbrochenen. Die Hose im Schritt durchnässt. Nicht mehr cool und Macho wie sonst.

»Was habt ihr denn getrunken?«, frage ich, während ich mich zu Rico herunterbeuge. Er atmet noch.

»Wodka und Red Bull und so …«, lautet die mehrstimmige Antwort der Möchtegern-Rambos.

Der Praktikant fordert über das Handfunkgerät einen Notarzt an. Rico ist nicht ansprechbar. Gibt keinen Laut von sich. Stabile Seitenlage.

»Mensch, du siehst verdammt mies aus Kleiner, mach keinen Mist!«, denke ich. Vielleicht habe ich es auch laut gesagt.

Dass ich in der Lache aus Was-weiß-ich-nicht-allem knie, nehme ich längst nicht mehr wahr. Der Geruch ist ebenso verdrängt.

Verdammt, wo bleibt der Notarzt?

Der Praktikant befragt die Jungs.

Zusammen gefeiert haben sie. Zuviel getrunken. Nun sind sie auf dem Weg nach Hause. Rico war gut drauf, bis er plötzlich zu kotzen anfing, taumelte, hinfiel und nicht mehr aufstehen konnte. Da haben sie die Polizei gerufen, vor Angst.

»Was noch außer Alkohol?«, übertöne ich den Kollegen. Ich kenne die Jungs doch.

Scheinheiliges »Nichts!« von den Kids.

»Labert nicht rum Jungs, euer Freund stirbt hier!«, schreie ich laut.

Mir gehen die Nerven durch. Ich knie neben ihm und habe alles so satt. Die Lügen, den Dreck, in dem ich sitze, die Gerüche, den Job.

»Ein paar Pillen …«, sagt einer der Jungs.

Ich höre das Signal des Notarztwagens. Erleichterung. Rico atmet nur noch flach.

Der Notarztwagen bremst neben uns. Arzt und Sanitäter steigen hastig aus, nehmen mir die Sorge um Rico ab. Endlich.

Ich schaue hinterher, wie sie Rico auf der Trage in den Wagen schieben. Gebe die Informationen über Alkohol und Pillen an den Notarzt weiter.

Ein paar Minuten Behandlung vor Ort. Hektisch. Zu hektisch.

Die leise Bitte des Notarztes: »Benachrichtigen Sie die Angehörigen. Der schafft es vielleicht nicht!«.

»Was? Der Junge ist 15! Und ihr seid doch jetzt da!«, schreien meine Gedanken.

Die Angehörigen? Klar. Der Vater polizeibekannt. Schrottsammler. Schläger. Die Mutter Ladendiebin. Die öffnen der Polizei so schnell nicht die Tür.

Der Notarztwagen entfernt sich laut und grell.

Die Jugendlichen ziehen sich langsam und unauffällig zurück. Bloß weg hier, bevor die Bullen zu neugierig werden.

Keine Angst Jungs, wir haben andere Sorgen, als zwei, drei Pillen in euren Taschen.

»Komm, steig ein, wir müssen die Eltern benachrichtigen«, rufe ich Klaus zu. Er gibt es über Funk an die Zentrale weiter, vorsichtshalber. Unser Ziel ist keine gute Adresse für Polizisten.

Die krächzende Stimme aus dem Funkgerät: »Denkt dran, sein Vater hat noch einen Haftbefehl offen. 425 Euro plus Kosten oder Bau.«

Ja spinnt denn der Kollege? Am liebsten möchte ich vor Wut ins Lenkrad beißen.

Wir erreichen das Mehrfamilienhaus, in dem Rico mit seinen Eltern wohnt. Zweiter Stock. Ich kenne den Weg. Klingel. Abstand zur Tür halten. Hier weiß man nie.

Wider Erwarten öffnet Frau Müller. Verschlafen, aber sofort misstrauisch, als sie uns erkennt.

»Mein Mann ist nicht da. Versprech ich dich. Kannst du kucken.«

Will ich aber nicht. Ich erkläre schnell, was los ist. Ist doch keine Zeit.

Gellender Schrei von Ricarda Müller, »Milano, komm schnell, der Rico geht kaputt!«

Blässe in ihrem Gesicht. Mein Gott, wie kann ich das nachfühlen. Meine Tochter ist vierzehn.

Milano Müller kommt verschlafen und übel riechend an die Tür. Ungläubige Nachfrage. Kann man den Bullen überhaupt glauben?

Dann hektisches Anziehen.

Wir verabschieden uns. Heute sind wir keine Feinde.

Unten im Wagen fragt der Praktikant: »Und was ist nun mit dem Haftbefehl?«

»Wie bitte?«, frage ich.

Er denkt wohl, ich hätte ihn nicht verstanden. »Gegen Milano besteht doch ein Haftbefehl!«

»Meinst du den Milano, dem gerade das Kind stirbt?«

Er beantwortet meine Frage nicht. Schweigt.

Langsam wird mir meine dreckige Diensthose bewusst. Die Knie dunkel eingefärbt und der Geruch nach Kotze. In der Dienststelle wechsele ich die Hose. Das geht ganz schnell, sauber fühle ich mich danach nicht.

Kurz vor Ende der Schicht kommt der Anruf aus dem Krankenhaus. Die Kripo wird angefordert. Ungeklärter Todesfall. Ricos Kreislauf konnte Alkohol und Gift nicht verarbeiten. Er starb vor dem Eintreffen seiner Eltern.

»Ein Verbrecher weniger!«, meint ein Kollege. Ich habe Mühe, ihn nicht dahin zu treten, wo es am meisten weh tut.

Zu Hause gehe ich ins Zimmer meiner Tochter. Schon lange habe ich dies nach der Nachtschicht nicht mehr gemacht. Sie ist doch schon groß. Ich sehe sie einen Moment lang an. Sie schläft. Die Beine hat sie frei gestrampelt. Ich decke sie wieder zu.

Ich gehe nun schlafen. Und wahrscheinlich werde ich die Tränen nicht zurückhalten können.

Ausgehaucht

von Vera Pütz, Köln

Für alle Lebenslagen gibt es bei uns ein Einsatzstichwort, auch für den Tod: »Exitus.«

»Exitus.« Mehr wissen wir nicht. Es geht in ein Viertel, dessen Häuser aus alten Genossenschaftswohnungen bestehen. Graue, nichtssagende Häuser.

Auf der Straße winkt uns ein älterer Mann zu, der uns in ein Haus führt. Ich frage nach seinem Namen und was passiert sei. Seine Antworten sind undeutlich. Im Flur des zweiten Stocks steht eine Frau. Sie stellt sich als Angehörige eines ambulanten Pflegedienstes vor.

Die Wohnungstür ist geöffnet, die Frau erzählt irgendetwas, geht vor uns her. Ich schnappe ein paar Wortfetzen auf, verstehe »er sitzt in der Küche«.

Die Frau führt uns in die dunkle, muffige Wohnung. Wir gehen durch die Diele, stehen im Türrahmen der Küche. Uns schlägt der altbekannte Geruch entgegen. Exitus eben.

Am Küchentisch sitzt ein alter Mann. Er ist zusammengesunken. Der Kopf ist vornübergebeugt, die Arme hängen schlaff am Körper herunter. Er ist tot.

Ich gehe auf ihn zu, schaue ihn näher an. Der Geruch dringt in alle Poren, ein Gemisch aus alter, abgestandener Luft und Verwesung.

Der Mann saß friedlich vor dem Küchenfenster, als der Tod ihn fand. Er trug ein Gebiss im Oberkiefer. Wie bei einer Karikatur hängt es halb aus seinem Mund heraus. Vielleicht versuchte er im Todeskampf es herauszuwürgen, um nicht daran zu ersticken.

Seine linke Hand ist dunkel angelaufen, fast schwarz. Die Haut sieht aus, als würde sie jeden Moment aufplatzen. Einen Moment habe ich das Gefühl, er würde sich bewegen.

Soll ich ihn berühren, prüfen, ob noch ein Rest Leben in ihm ist? Nein, ich verwerfe den Gedanken.

Unter dem Leichnam steht eine Pfütze aus Urin. Er ist ausgelaufen, als die Muskulatur erschlaffte.

So war sein Ende, alleine am Küchentisch.

Die Küche sieht bewohnt aus. Schmutzige Teller, Tassen und eine Pfanne stapeln sich in der Spüle. Der Kühlschrank brummt, als wäre nichts passiert. Die Ruhe wird begleitet von diesem alles durchdringenden Geruch.

Ich konzentriere mich auf meine Arbeit, auf das was zu tun ist.

Ich muss wissen, wer er ist, was passiert ist, eben alles.

Die Frau des Pflegedienstes sieht betroffen aus. Sie führt uns ins Wohnzimmer, weg von der Leiche.

Das Wohnzimmer ist verstaubt, ungepflegt, muffig. Die Einrichtung erinnert mich an das Wohnzimmer meiner Großeltern, an deren blank geputzte dunkle Schränke, den Nähkorb aus Holz neben dem Sofa, darauf die von Oma gehäkelte Decke.

Die Frau des Pflegedienstes fragt, ob sie die Fenster öffnen darf. Ich bin froh darum, ich möchte diesen Geruch loswerden.

Sie erzählt, dass sie den Mann schon lange pflege, soweit er die Pflege zugelassen habe. Er sei starrsinnig gewesen und habe nicht viel Hilfe angenommen.

Es gibt keinerlei Verwandte, niemanden. Er ist alleine und arm. Niemand, der um ihn trauert, niemand, der sich um seine Beerdigung kümmert.

Wir rufen seine Hausärztin an, damit sie seinen Tod bescheinigt.

Sie ist klein und bestimmt über 60. Mir fallen ihre zierlichen Hände auf. Sie stellt ein paar Fragen, bestätigt seinen schlechten Gesundheitszustand und dass er sich geweigert hatte, in ein Krankenhaus zu gehen. Dann setzt sie ihre Brille auf, setzt sich an den Wohnzimmertisch und beginnt gewissenhaft und ruhig, den Totenschein auszustellen.

KRIMINAL
POLIZEI

Matthias Schmitt, Hannover

Frank Bartel, Ludwigsburg

Ulrich Hefner, Tauberbischofsheim

Tanja Woike, Essen

Hartmut Wolf, Stuttgart

Katrin Jahn, Nienburg

Jasmin Brunner, Offenbach

Thiess Kuhlmann, Hamburg

Jörg Hofer, Heidelberg

Pelle und Volker Uhl, Ludwigsburg

Detlef Ehrike, Hannover

Andreas Kunz, Stuttgart

Bux vom Maibach und Elmar Heer, Nürnberg

Janine Binder, Köln

Volker Uhl, Ludwigsburg

Suzanne Eichel, geboren 1966, arbeitet als freie Fotografin für namhafte Tageszeitungen und Zeitschriften. Sie lebt in Hamburg. Ihr Erfolgsgeheimnis: Die Suche nach dem besonderen Spirit, der hinter jeder Geschichte steckt. Für das Buch reiste sie durch Deutschland, um die Polizisten an den Tatorten zu fotografieren. www.photo-spirit.de

Wir verständigen das Ordnungsamt, die sich um den Leichnam und den Nachlass kümmern, wenn keine Angehörigen da sind.

Ich gehe durch die Wohnung, suche nach Hinweisen auf Verwandte. Fehlanzeige. Ich finde ein Stammbuch, das aus der Zeit des Zweiten Weltkrieges stammt. Es ist zerfleddert, aber fein säuberlich in einen Aktenordner einsortiert.

Während ich durch die Wohnung laufe, werfe ich immer wieder einen Blick in die Küche, auf ihn, auf seine schwarzen Hände.

Der Anblick wird nicht wirklich besser, der Geruch auch nicht.

Ich gehe zurück ins Wohnzimmer. Dort sitzt noch immer die Ärztin und studiert den Totenschein. Sie weiß nicht, was sie als Todeszeitpunkt eintragen soll, starrt in die Luft. Die Pflegerin erwähnt, dass ihre Kollegin am Freitag um sieben Uhr zuletzt bei ihm war. Jetzt haben wir Montagmittag. Vermutlich saß er das ganze Wochenende so am Tisch.

Im Wohnzimmer ist ein großes Fenster, es führt zu einem Park. Eine schöne Aussicht, denke ich, und die Pflegerin hat wohl die gleichen Gedanken. Sie spricht es aus und fängt ein Gespräch an. Erzählt mir, dass seine Frau schon vor vielen Jahren gestorben ist. Er war völlig verarmt und sein einziges Weihnachtsgeschenk bestand in einem »Care-Paket« des Pflegedienstes. Sie erzählt mehr über ihn, und ich versetze mich in das Leben des alten Mannes. Mein Kollege steht die ganze Zeit neben der geöffneten Balkontür. Seine Gesichtsfarbe ist leicht gräulich.

Irgendwann hat das Warten ein Ende und der Mann von der Stadt erscheint. Wir teilen ihm unsere Erkenntnisse mit und er übernimmt das Weitere. Unsere Arbeit ist getan. Eine unbefriedigende Arbeit.

Ein paar Sätze der Pflegerin gehen mir nicht aus dem Kopf. Wie es wohl weitergehe, hatte sie gefragt. Jetzt kommt wohl irgendein fremder Mensch, packt die Habseligkeiten des Mannes in Kisten, die Wohnung wird geräumt und die Spuren seines Lebens sind entfernt. Stecken in ein paar Kartons. Das war's. Das Leben in ein paar Kisten geräumt und entsorgt. Niemand denkt mehr dran, dass er überhaupt gelebt hat. 88 Jahre für nichts. Abfall. Müll.

Wir verabschieden uns von der Ärztin, die noch immer mit dem Totenschein kämpft und von dem Mann, von der Stadt. Noch ein Lächeln von der Frau des Pflegedienstes. Dann verlassen wir die Wohnung, den Geruch, den Tod.

Draußen hole ich tief Luft, atme durch, bemerke das flaue Gefühl im Magen. Ich schaue in den Spiegel des Streifenwagens, erkenne, dass mein Gesicht grau ist. Ich brauche eine Zigarette, muss den Rauch tief einatmen, will den Geruch loswerden, habe das Bedürfnis, meine Hände abzuwaschen. Alles abzuwaschen. Diesen ganzen Einsatz. Den Tod.

Auf der Wache kehre ich in das Leben zurück. Der Funk dröhnt, die Kollegen laufen wild durcheinander, im Pausenraum steht ein selbst gebackener Kuchen, jemand hat Geburtstag.

Das Leben geht weiter.

Wir haben den nächsten Einsatz, »VU ohne«, lautet das Stichwort.

Zwischendurch holen mich immer wieder dieser Geruch und das Bild des zusammengesunkenen alten Mannes ein. Die schwarze, fast aufplatzende Haut seiner Hand. Gedankenblitze, die durch meinen Kopf zucken – Gedanken an ein ausgehauchtes Leben.

Die Kampfmaschine

von Michael Birkhan, Bremen

Jürgen und ich waren gerade im Streifenwagen in unserem Revierbereich unterwegs, als die Zentrale uns über Funk rief. In einem nahen Hinterhof hantierten angeblich zwei Personen an einer Tür. Okay. Unterstützung stand auf die Schnelle nicht zur Verfügung, also fuhren wir allein hin. Um die möglichen Einbrecher nicht zu vertreiben, parkte Jürgen den Streifenwagen ein wenig entfernt. Vorsichtig schlichen wir näher. Bei nächtlichen Einbrüchen kann man nie wissen, was einen erwartet …

Plötzlich hörten wir zwei Stimmen: eine wimmernde Frauenstimme – und eine Männerstimme, die aggressiv und bedrohlich klang. Ein Klatschen zerriss die Stille der Nacht. Es klang, als ob jemand mit der flachen Hand geschlagen wurde. Jürgen und ich warfen uns einen Blick zu. Das klang ganz und gar nicht nach Einbruch.

Mit der Waffe im Anschlag bewegten wir uns langsam in Richtung der Geräusche. Die Schatten zweier Personen tauchten auf und zeichneten sich auf der hellen Hauswand ab.

Jürgen leuchtete die zwei Gestalten mit der Taschenlampe an:

»Halt. Polizei. Treten Sie langsam zurück. Ich will dabei Ihre Hände sehen!«

Der Mann drückte den Kopf der Frau gegen die Hauswand. Er hielt ihr einen für uns nicht erkennbaren Gegenstand an die Kehle und presste seinen Körper fest gegen ihren. Ihre Haare waren zerzaust, das Gesicht verschmiert mit einer Mischung aus Schminke, Tränen und Blut. Die Bluse war bis zum BH nach oben geschoben. Der eingerissene Stoff, die abgerissenen Knöpfe, die augenscheinlich gewaltsam geöffnete Hose und eine entblößte Schulter ließen keinen Zweifel darüber, was hier vor sich ging. Ein Schuh und ihre Handtasche lagen am Boden. Sie flehte uns aus angsterfüllten, Hilfe suchenden Augen an, die Bände sprachen: »Hilfe«, rief sie, »Hilfe! Der Mann will mich vergewaltigen. Bitte, so helfen Sie doch!«

Ich musste schlucken, als ich sah, wie aussichtslos ihre Lage tatsächlich war.

Wütend schrie ich den Mann an: »Polizei! Unsere Schusswaffen sind auf Sie gerichtet. Lassen Sie sofort die Frau los und treten Sie langsam zurück. Wir wollen Ihre Hände sehen.«

Das hätte eigentlich reichen sollen. Doch der Täter reagierte nicht einmal, selbst dann nicht, als wir die Aufforderung mehrfach wiederholten.

Meine Gedanken rasten. Zum Schießen standen die beiden zu eng beieinander. Wir mussten unsere Hände gebrauchen.

Wir steckten die Pistolen zurück ins Holster und rissen den Täter von seinem Opfer weg. Erst jetzt erkannten wir das Messer in seiner Hand, mit dem er nach uns stach. Wir konnten gerade noch ausweichen und den Angriff abwehren. Mit einem Hebelgriff entwaffneten wir den Mann, brachten ihn auf den Boden und in die Bauchlage. Endlich – die Situation schien bereinigt. Wir entspannten uns ein kleines bisschen.

Die Frau sank schluchzend in sich zusammen. Die Vergewaltigung hatten wir verhindert. Aber die Schläge, die Tritte, die Bedrohung mit dem Messer an der Kehle, die Angst um ihr Leben, all das hatte sie erdulden müssen.

Wir konnten nicht einmal zu ihr gehen, weil wir noch immer den Täter am Boden hielten.

Um ihn durchsuchen zu können, mussten wir den Haltegriff ein wenig lockern.

In diesem Moment ging er mit weit aufgerissenen Augen zum Angriff über.

»Du bist tot. Du bist tot. Ich töte dich«, schrie er wie von Sinnen.

Immer wieder versuchte er, an unsere Schusswaffen zu gelangen, stieß mit seinen Fingern, nun rasend vor Wut, gezielt in Richtung meines Kehlkopfes und meiner Augen. Er war offensichtlich äußerst durchtrainiert und kampferprobt.

Wir versuchten, ihn mit einer Kombination aus Faust-, Ellenbogen- und Fußstößen auf Distanz zu halten. Doch jeder Treffer, den er einstecken musste, steigerte nur seine Angriffslust. Er tobte, seine Pupillen waren unnatürlich weit geöffnet. Trotz der kalten Nacht und seiner leichten Bekleidung schien der Mann förmlich zu brennen. Blut quoll bereits aus seiner Nase, dem Mund und einem Ohr. Trotzdem katapultierte er mich im hohen Bogen gegen ein Garagentor. Mir stockte der Atem.

Jürgen war stark wie ein Bär. Ich betrieb seit Jahren intensiv Kampfsport. Wir waren ein eingespieltes Team, eigentlich. Und trotzdem – die harten Kopf- und Körpertreffer schwächten unseren Gegner nicht im Geringsten. Der Mann biss, kratzte, trat, schlug, stieß mit dem Kopf, spuckte uns an.

»Warum gibt der nicht auf?«, schoss es mir durch den Kopf. »Wie kann einer nur solche schweren Treffer einstecken?«

Fassungslos beobachtete ich diese entfesselte Kampfmaschine, die wir offenbar nicht bezwingen konnten.

Kein Gong oder »Break« eines Schiedsrichters beendete die Orgie der Gewalt, in die dieser Kampf ausgeartet war. Angst stieg in mir auf, Unbehagen, Unsicherheit. Es konnte leicht sein, dass er durch mein Verhalten schwer verletzt oder sogar sterben würde.

Keine Spur mehr von Konfliktvermeidung, Deeskalation, Kommunikation, oder Verhältnismäßigkeit polizeilichen Handelns, wie ich es während der Ausbildung und des Studiums gelernt hatte. »Schläger haben bei der Polizei nichts zu suchen«, hatte mein Ausbilder immer wieder gesagt. Und hier war ich und versuchte mit allen Mitteln meine Haut zu retten. Ich fühlte mich alles andere als wohl bei meinen Attacken. Aber andererseits bestand die Gefahr, selbst ins Gras zu beißen, wenn wir ihn nicht bezwingen würden. Ich fürchtete um mein Leben.

Würde gleich der Radiowecker klingeln und mich aus diesem Albtraum erlösen? Mein Zeitgefühl ging verloren. Waren es Minuten oder nur Sekunden, die verstrichen?

Als es uns endlich gelang, den Täter am Boden zu fixieren und ihm die Handfesseln anzulegen, lachte er nur wirr. Er gab nicht auf und wand sich wie ein Aal. Permanent suchte er mit mir den direkten Blickkontakt und zischte mit weit aufgerissenen Augen: »Du bist tot. Ich kriege Dich. Ich werde Dich töten. Deine Frau und Deine Kinder werde ich töten. Ich werde Euch alle töten.«

Mir wurde immer unheimlicher zumute. Er hatte etwas Diabolisches an sich, dem ich mich nur schwer entziehen konnte.

Sein Opfer lag noch immer wimmernd und zusammengekauert an der Hauswand. Wir hatten keine Möglichkeit, uns der Frau zuzuwenden, wie ich es gern getan hätte. Der Täter forderte unsere ganze Aufmerksamkeit.

Irgendwie brachten wir ihn in den Streifenwagen. Mit Fußtritten bearbeitete er von innen die Tür. Holm und Tür wurden dabei so verformt, dass die Tür sich nicht mehr öffnen ließ.

Auf der Dienststelle waren sechs Beamte notwendig, um den Tobenden halbwegs in Schach zu halten. Keiner von ihnen hegte Sympathien für den Amokläufer. Trotzdem schockierte sie sein Anblick, sein von unserem Kampf gezeichnetes Gesicht. Beide Augen, Nase, Lippen und beide Wangenknochen waren stark angeschwollen.

Noch immer suchte er ausschließlich zu mir den Blickkontakt. Aus irgendeinem Grund hatte er sich auf mich fixiert. Ich fühlte mich doppelt unwohl. Einerseits wünschte ich mir, wir hätten ihn nicht so zurichten müssen. Andererseits wäre ich seinem irren Blick gern entkommen.

Zu sechst hielten wir ihn immer noch fest. »Prügel« hatte der Mann wahrlich genug einstecken müssen. Neben einer Gehirnerschütterung, unzähligen Hämatomen, Prellungen, sowie diversen Rippenfrakturen, hatte er sich bei dem Kampf einen Kieferbruch und ein gebrochenes Nasenbein zugezogen.

Für einen Augenblick schien er sich zu beruhigen. Wir versuchten, ihn normal anzusprechen. Doch als wir den Haltegriff zur Versorgung seiner Wunden kurz lockerten, geriet er erneut in Rage. Mehrfach schlug er seinen Kopf wie von Sinnen absichtlich gegen die Wand. Ich versuchte ihn davon abzuhalten, sich selbst zu verletzen. Das hätte ich besser lassen sollen. Er traf mich mit voller Wucht. Mein gebrochener Mittelfußknochen sollte in den nächsten Monaten nur schleppend heilen.

Endlich traf ein Arzt ein und verabreichte ihm ein Beruhigungsmittel. Doch auch hier trat die gewünschte Wirkung erst mit erheblicher Verzögerung ein.

Als der Täter sicher verwahrt war, holte mich vollkommene Erschöpfung ein. Erst jetzt spürte ich die Schmerzen meiner Verletzungen. Mehr verwundert als entsetzt ließ ich die letzten Stunden noch einmal Revue passieren. Was für ein Kampf …

Die späteren Ermittlungen ergaben, dass der Täter ein Asylbewerber war. Schon mehrfach war er durch Gewalt- und Sexualdelikte aufgefallen. In seinem Land hatte er eine militärische Ausbildung absolviert. Während der Tat hatte er auch noch unter Alkohol- und Betäubungsmitteleinfluss gestanden – daher also seine Schmerzunempfindlichkeit!

Als ich am nächsten Tag eine Zeitung aufschlug, traute ich meinen Augen nicht. Das war ja eine ganz neue Darstellung des Falles! Jürgen und ich hatten angeblich einen unschuldigen Asylbewerber brutal misshandelt. Den Vergewaltigungsversuch und die Verletzungen des Opfers, ganz zu schweigen von unseren, verschwieg der Artikel. War das der Lohn für unseren Einsatz?

Ich war stinkwütend!

Zum Glück berichteten andere Vertreter der Presse differenzierter und seriöser.

Die Beweis- und Spurenlage war eindeutig. Die Ärzte und die Besatzung des Rettungswagens traten als Zeugen auf. Das Opfer und sogar der Täter selbst bestätigten bei ihrer späteren polizeilichen Vernehmung und bei der Gerichtsverhandlung den Wahrheitsgehalt unserer Aussage.

Ein seltsamer Nachgeschmack blieb dennoch.

Ich empfand weder Zufriedenheit noch Stolz. Die Rechtsordnung hatten wir zwar wiederhergestellt. Wir hatten eine Vergewaltigung verhindert. Die äußeren Verletzungen des Opfers heilten relativ schnell. Aber was musste diese Frau an seelischen Qualen erleiden? Trotz psychologischer Betreuung litt sie Jahre lang an den Folgen des Überfalls. Wir waren, so fühlte es sich zumindest für mich an, trotz allem zu spät gekommen.

Im Flur des Gerichtssaals kam sie auf Jürgen und mich zu. Mit Tränen in den Augen bedankte sie sich für unsere Hilfe. Sie nahm unsere Hände in ihre und für einen Moment lächelte sie sogar. Ihr Blick war wie Balsam auf unserer Seele.

Der Täter wurde nach zwei Jahren Haft entlassen. Er beging im Anschluss weitere Straftaten, ehe er in sein Heimatland abgeschoben wurde. Zwischenzeitlich hat er im Ausland weitere Taten begangen. Derzeit wird mit internationalem Haftbefehl nach ihm gefahndet.

Der Schulranzen

von Lothar Riemer, Freising

Nieselregen, es dämmert schon – der Herbst von seiner hässlichsten Seite. Die Nachmittagsschicht plätschert dahin. Mein Partner und ich verbreiten Sicherheit in unserem Münchner Revierbereich und fahren einfach so die Straßen entlang.

Aus dem Augenwinkel, gerade so im Vorbeihuschen, sehe ich ein kleines Mädchen am Straßenrand stehen. Vermutlich war es eher der große Schulranzen, der mir reflektierend auffiel.

»Halt doch mal an und dreh um. Mit dem kleinen Kind stimmt irgendetwas nicht«, sage ich zu Martin. Wir wenden schnell und schon kommen wir auf Höhe des Mädchens zum Stehen.

Von Weinkrämpfen geschüttelt steht das Schulkind allein am Straßenrand. Sie ist vielleicht acht Jahre alt, ordentlich gekleidet und über ihre Wangen kullern die Tränen. Als dreifacher Familienvater erwacht natürlich gleich der Beschützerinstinkt und beim Herantreten überlege ich mir noch, was dem Kind wohl Schreckliches widerfahren ist. Ungezwungen gehe ich auf die Kleine zu und frage sie, was denn los sei.

»Ich bin auf dem Nachhauseweg von der Schule und habe so fürchterlich Angst.«

Mein erster Gedanke ist natürlich, dass das wohl nicht alles gewesen sein kann. Aber selbst auf Nachfrage beharrt sie darauf. Ihre Mutter holt sie nie von der Schule ab und jetzt im Herbst hat sie einfach »nur« Angst. Heute ist es besonders schlimm und sie kann keinen Schritt mehr gehen.

»Da hilft nur noch mein Einsatzkoffer«, denk ich mir und nehme Kathrin (wir duzen uns bereits) an die Hand. Am

Fahrzeug angekommen, stelle ich kurz Martin vor und öffne meinen billigen OBI-Koffer. Neben Formblättern, diversen Schlossöffnern, Tempos und dem sonstigen Kleinkram kommen dann Gummibärchen zum Vorschein. Großzügig soll sich Kathrin bedienen. Süßigkeit hebt den Zuckerspiegel und schafft Wohlgefühl. Zigaretten für mein erwachsenes Klientel und Süßigkeiten für die Kinder. Oft mehr gebraucht als meine Formblätter. Die Gummibärchen im Mund hin und her schiebend, erklärt mir das Mädchen wo sie wohnt und kurze Zeit später stehen wir in der Wohnung. Die Mutter sitzt mit einer Freundin bei einer Tasse Kaffee. Sie ist schockiert, als ich mit ihrer Tochter im Wohnzimmer stehe und befürchtet schon das Schlimmste – was wir Erwachsenen eben immer so denken.

Während unseres Gespräches wird deutlich, dass die Mutter keine Ahnung von den Ängsten ihrer Tochter hatte. Und wenn, tat sie diese vermutlich als kindliche Übertreibung ab. »Nehmen Sie die Angst Ihrer Tochter ernst, auch wenn Sie sich nicht in ihre Lage versetzen können. Für Kathrin ist es eben sehr schlimm in dieser Jahreszeit allein nach Hause zu gehen. Ich bitte Sie, das Kind in Zukunft von der Schule abzuholen.« Mit diesen mahnenden Worten, und einem Lächeln von Kathrin, verabschiede ich mich.

Mein Streifenpartner wartet schon ungeduldig, als ich nachdenklich ins Fahrzeug einsteige.

Wie viele Menschen hier bei uns, ob Groß oder Klein, fühlen sich alleingelassen, hilflos und ängstlich. Wer ist mein Nächster, wird Jesus von seinen Jüngern gefragt. Heute war es Kathrin.

In was für einer Welt leben wir eigentlich

von Volker Uhl, Ludwigsburg

»In was für einer Welt leben wir eigentlich?!«

Wir saßen in der Mittagspause zusammen, als mein Kollege Fred seine Empörung laut in den Raum rief.

»Was ist denn jetzt schon wieder los?«

»Da regen sich Tierschützer auf, weil bei den Vorbereitungen zum Domino-Day ein Spatz abgeschossen wurde.«

Er schob mir die Zeitung rüber. Beim Aufbau zum Weltrekordversuch mit über vier Millionen Dominosteinen hatte sich ein Spatz in die Halle geschlichen und dafür gesorgt, dass über 23 000 Steine umgefallen waren. Der Weltrekord schien in Gefahr. Der Spatz musste weg. Versuche, ihn einzufangen scheiterten. Kurzerhand wurde ein zielsicherer Schütze mit Spatzengewehr organisiert und peng, der Aufbau zum Weltrekordversuch konnte ungestört weitergehen. Tierschützer beklagten nun diese brutale Vorgehensweise. Die Polizei wurde eingeschaltet.

Ich las nicht mehr weiter. »Die haben echte Sorgen. Da muss ich heute Abend gleich mal meine Katze erschießen. Die hat schon viele Vögel gekillt.«

Pelle strich mir beim Heimkommen schnurrend um die Beine. »Lass das! Ich muss ein ernstes Wort mit dir reden!« Die Pistole ließ ich vorerst noch in meiner Tasche.

Sie folgte mir ins Wohnzimmer, ich setzte mich, sie sprang auf meinen Schoß und fing gleich an zu schnurren. Sie wollte mich beeinflussen. Ich blieb standhaft.

»So nicht! Wir müssen jetzt mal deine Vogelmorde zur Sprache bringen.«

Nicht dass sie zu wenig zu Essen bekommen hätte, nein, es schien eher ihr Jagdtrieb zu sein, der sie ihre Federbeute vor der Terrassentür ablegen ließ.

Sie schaute mich aus schmalen Pupillen an.

»Hör zu, leg ein Geständnis ab, sonst kommen die noch und machen dir den Prozess. Du hast nicht nur Spatzen, Amseln und Elstern gekillt, nein, auch dem Vogel des Jahres, dem Kleiber hast du den Garaus gemacht. Schäm dich!«

Sie schien mich hypnotisieren zu wollen, ihre Gedanken übertrugen sich scheinbar unaufhaltsam in mein Gehirn: »Opfer werden später selbst zu Tätern. Erinnerst du dich nicht mehr, woher ich komme?«

Da fiel es mir wieder ein.

Zusammen mit meinen drei kleinen Kindern waren wir vor einigen Jahren über die Felder geradelt. Der Weg führte vorbei an Bauernhöfen, Obstplantagen und Pferdekoppeln. Wir stiegen ab, rupften Gras und Löwenzahn, um die Pferde zu füttern. Christian, der Bauernbub, kam aus der Hofeinfahrt gerannt.

»Halt, das dürft ihr nicht, da sind Spritzmittel drauf.«

Stattdessen streichelten wir den stinkenden Ziegenbock zwischen den Hörnern, schauten bei den Kaninchen durch den Maschendraht, lauschten dem Gezwitscher der Wellensittiche und ließen uns von Christian in den Pferdestall locken. »Wollt ihr mal die Kätzchen sehen?«

Christian ging zusammen mit meiner Tochter in die zweite Klasse, war Fußballtorwart, und ich sah ihn stets fröhlich pfeifend und freundlich grüßend mit dem Fahrrad auf dem Weg in den Ort oder zur Schule.

Die Katzenmutter kam mit ihren gerade mal acht Wochen alten Kätzchen aus den Strohballen gekrochen. Unisono ging der Aufschrei durch die Kehlen meiner Kinder.

»Papa, wir wollen eine Katze!«

»Nein, ich will keine.« Thema erledigt. Dachte ich.

Ein dunkelbraunes, ocker-geschecktes Kätzchen kam auf mich zu getapst. Ich saß auf dem Boden im Stroh zwischen den Ballen, am Eingang zur Höhle, die Christian und seine Schwester gebaut hatten. Ein alter Kartoffelsack diente als Eingangstür.

Das Kätzchen kletterte meine Beine hoch, kroch unter meine braune Lederweste und wärmte mir das Herz. Ich ließ mich erweichen, zahlte Christian die geforderten zehn Mark. Um ein Familienmitglied reicher fuhren wir heim.

Die Kinder wussten gleich den Namen, »Pelle mit Schwanz«, in Anlehnung an ein Bilderbuch mit einem schwanzlosen Kater. Da dieses Kätzchen noch einen Schwanz hatte, wurde sie fortan Pelle gerufen.

Daran erinnerte ich mich jetzt. Und dass ich ein paar Jahre später erfuhr, dass Christian und seine Schwester regelmäßig vom Stiefvater in der Scheune missbraucht, vergewaltigt, geschändet wurden.

»Siehst du«, schien Pelle mir mit seinem rätselhaften Blick sagen zu wollen, »dort wollte ich raus. Ich hatte es satt mit anzusehen, wie die Kinder fröhlich in der Scheune spielten, der Vater rein kam und dann mal den Sohn, mal die Tochter raus schickte, damit er seine Abartigkeiten an den Kindern ausleben konnte. Ich hab gehört, dass du keine Katze wolltest. Deshalb bin ich dir gleich unter deine Weste geschlüpft. Das war meine einzige Chance. Du warst meine Rettung.«

»Aber deshalb brauchst du dich doch nicht gleich an den Vögeln zu rächen.«

»Ich hatte Angst. Ich wollte nicht auf den Bauernhof zurückgeschickt werden. Länger hätte ich dort nicht mehr zuschauen können. Ich wollte dir doch nur zeigen, was für eine tolle Katze ich bin und so dankbar, dass du mich da rausgeholt hast.«

Ich verzieh Pelle aufgrund ihrer Erlebnisse in ihrer Katzenkindheit und verurteilte sie wegen des Vogelfangens nicht zur Höchststrafe.

Fred hatte Recht: In was für einer Welt leben wir eigentlich? Ich möchte es präzisieren. In was für einer Welt wachsen unsere Kinder auf? Pelle zeigte mir wieder einmal, dass es nicht nur die große Welt da draußen ist. Oft werden die eigenen vier Wände, der Ort, der eigentlich Schutz und Geborgenheit bedeuten sollte, das menschliche Nest, zum Schauplatz von Gefahr und Grausamkeit.

Der kleine Tim aus Elmshorn wurde zwei Jahre alt, ehe er von seinem Stiefvater getötet wurde. Die siebenjährige Jessica aus Hamburg wog bei ihrem Tod neun Kilo. Die Presse berichtete ausführlich über diese Fälle.

Selbst der Richter kann die Frage nach dem »Warum« in seiner Urteilsbegründung nicht beantworten. Warum lassen Eltern ein Kind verhungern?

»Müssen wir Angst haben, dass unsere Kinder von den Eltern getötet werden?«, fragte der Pfarrer bei seiner Trauerpredigt für den kleinen Tim. Er gab selbst die Antwort.

»Ja, dass müssen wir, leider.«

Gott sei Dank ist das alles weit weg. Die Ortsangaben in den Zeitungen lassen mich erleichtert aufatmen. Alles passiert nicht hier, nicht vor meiner Haustür, nicht in meinem Land- und Bekanntenkreis.

Das dachte ich tatsächlich, obwohl gerade ich es besser wissen müsste.

Babyschwimmen war freitags. Warmbadetag. Das Wasser wurde im Hallenbad auf 32 Grad geheizt. Zehn Babys versammelten sich mit ihren Müttern oder Vätern im 90 Zentimeter tiefen Planschbecken. Einige kamen aus unserem Ort. Frau Häußlinger erklärte uns, dass die Kinder von Geburt an einen natürlichen Atemschutzreflex besitzen, den es zu trainieren gilt. Drückt man sie unter Wasser, schließen die Kleinen automatisch den Kehlkopfdeckel, Wasser dringt so nicht in die Lungen.

Es klappte tatsächlich: Katharina, Dennis, Simon, Marcel und Miriam tauchten mit weit aufgerissenen Augen auf, wenn die Eltern sie unter Wasser durchs Becken zogen. Sie passten instinktiv auf sich selbst auf, verbesserten von Mal zu Mal ihren Reflex.

Im Kindergarten und später in der Grundschule begegneten wir uns wieder. Bis Marcel eines Abends von seiner Mutter im Badezimmer ausgezogen und in die Wanne gesetzt wurde. Das Wasser hatte 32 Grad und war mit einer Schaumkrone bedeckt.

Das Schaumbad, das den Kindern nicht in den Augen brennt. »Mit Plantschi macht das Baden Spaß …«, wurde zur Werbelüge, als die Mutter in die Wanne stieg und den Fön einschaltete. Der Reflex aus dem Babyschwimmen nützte Marcel nichts mehr.

Falsch verstandene Liebe, die der Mutter ins Ohr flüsterte: »Er wird es so besser haben. Ich kann ihn nicht alleine zurücklassen. Ich liebe mein Kind.«

Was berührt uns so an Neugeborenen? Ist es diese Unschuld, dieses Vertrauen, diese Schutzbedürftigkeit und diese unerschütterliche Liebe, die uns aus Kinderaugen anblickt? Liebe. »Gott ist die Liebe«, eines meiner Lieblings-Kirchenlieder der Kindheit. Gott schaut uns aus den Augen eines Neugeborenen, aus den Augen eines Kleinkindes an. Muss es nicht teuflisch sein, dieses Licht der Liebe zum Verlöschen zu bringen?

Als wir die Wohnung eines heroinabhängigen Ehepaars durchsuchten, gab es dort keine Katze. Dafür gab es einen Stoffteddy. Während wir die gefundenen Heroinbriefchen auf dem Couchtisch sammelten und die Eltern eine nach der anderen rauchten, drückte die fünfjährige Simone den hellbraunen Teddy fest an ihr Herz.

»Brauchst keine Angst zu haben, die machen uns nichts«, flüsterte sie Teddy ins Ohr. »Hab keine Angst!«

Sie schien Teddy nicht beruhigen zu können. Also band sie ihm ein rotes Halstuch um den Oberarm. Dann zog sie eine imaginäre Spritze auf und setzte sie Teddy in die Ellbogenbeuge. Als der Kolben der Luftspritze die Ladung in Teddys Arm gepumpt hatte, entfernte sie das Tuch und drückte ihn fest an ihren Hals, streichelte seinen Rücken und weinte leise in sein Fell. »Es wird alles gut, hab keine Angst. Hab keine Angst.« Teddy beruhigte sich.

Ich schaue mir mit Pelle die Dominoday-Show an. Sie liegt in meinem Schoß und schnurrt. Ich blicke in ihre grünen, funkelnden Augen. Auf der Brust hat sie einen weißen Fleck. Die Schwanzspitze ist bereits ergraut. Es gibt einen neuen Weltrekord: 4 002 136 Steine fielen um.

Für einige Stunden konnten Pelle und ich vergessen, in was für einer Welt wir eigentlich leben.

Annas Fassade

von Markus Bressler, Stuttgart

An diesem Nachmittag sitze ich alleine auf der kleinen Dienststelle in meinem 9-Quadratmeter-Büro im dritten Stock, überfliege die Statistiken und Lageberichte und vertiefe mich in die emotionslosen, sachlich-prägnant abgefassten Berichte zu den besonderen Vorkommnissen in der Szene. Ein Telefonanruf bimmelt mich aus meinen Gedanken. Die Wache am Eingang kündigt eine unerwartete Besucherin an.

Ich weiß noch, wie ich den Hörer langsam auflege, tief durchatme und versuche zu erfassen, was das mulmige Gefühl bedeutet, das langsam und unausweichlich in mir hoch kriecht.

Aber das ist normal, sage ich mir. Ich kenne das schon, seit ich vor sechs Monaten zu dieser Dienststelle versetzt worden bin. Ich hatte mich auf die freie Stelle beworben und gefreut, als ich sie bekommen habe. Erst später sind mir die Blicke meiner Umwelt bewusst geworden, wenn ich meine Tätigkeit bei der Polizei beschreibe: »Sitte, Ermittlungen in der Prostitutionsszene.« Jede vierte Nacht Dienst! Und glauben Sie mir – der Reiz der Rotlichtszene, der Reiz des Anrüchigen und der käuflichen Liebe, der Reiz der sinnlichen Verführung und all dessen, was man in dieser gefühlskalten Welt nur durch Geld bekommt; der war bereits nach einer Woche Dienst vorbei. Schnell erkannte ich, wie viel persönliches Leid, soziale Not, Armut und Gewalt hinter der Fassade der scheinbaren Verführung und dem unaufhörlichen Lachen stehen.

Und dann sind da noch diejenigen, die man an den protzigen Autos erkennt, an den fetten Goldringen, Halsketten und Cowboystiefeln. Das sind diejenigen, die Geld aus dem

Leid anderer ziehen, die rücksichtslos und brutal Menschen und ganz besonders Frauen zwingen, sich zahlenden Kunden zu überlassen.

»Warum erkennen das nicht auch die Kunden, die dafür zahlen, der Illusion der Zuneigung zu erliegen?«, fragte ich mich ab und zu – nicht geschockt, sondern eher verwundert.

Aber schauen wir, was nach dem Anruf der Wache passiert: Oh ja, das kommt immer als Erstes, das Gespräch vorbereiten. Ich stelle Mineralwasser auf den Tisch, koche Kaffee und sorge dafür, dass der frische Duft bis in mein Büro dringt. Heimische Atmosphäre nenne ich das. Sie lockert die Distanz. Die Akten verschwinden. Leise Musik macht das Dienstzimmer weniger unpersönlich und durchströmt nun das Stockwerk.

Ich lasse mir Zeit, nicht zu viel, doch gerade so, dass es reicht, bei meiner Besucherin Ungeduld zu wecken, die in ihre Dankbarkeit mündet, wenn ich sie endlich aus dem weißgetünchten, nach Putzmitteln riechenden Warteraum befreie. Ich nehme den Aufzug ins Erdgeschoss und beobachte meine Besucherin durch den Spiegel – kennen Sie sicher aus dem Fernsehen – so einen Spiegel eben, durch den man ungesehen von einer Seite eine Person auf der anderen beobachten kann. Ich sehe eine der Frauen, für die es diese Dienststelle gibt – es kommen zwar auch Männer, aber in der Mehrzahl sind es Frauen – und diese Frau spielt. Wie alle anderen Frauen. Sie nutzt den Spiegel, um ihre Haare zu richten, zieht sich die Konturen ihres Lippenstiftes nach und tut genau das, was man in dieser Szene eben macht: man richtet das Äußere, kaschiert das Innere, spielt eine Rolle. Woran man das merkt? An den Augen. Ich nehme in ihren Augen das Zucken, das Abtasten der Umgebung und die versteckte Unsicherheit wahr. Wer kommt schon gerne zur Polizei, und dann noch zur Sitte?

Ja, das Rollenspiel, sage ich mir noch leise und schlüpfe in meins.

»Hey, schön dass wir uns treffen.« Elan, Spontaneität, Herr der Lage. Ein Lächeln und ja, ganz wichtig, ich nenne meinen Vor- und Nachnamen und überlasse es der Frau, mich bei meinem Vornamen zu nennen. Das ist so in der Szene. Jeder redet jeden mit Du an. Warum nicht auch hier auf der Dienststelle? Man redet ja über das Intimste der Welt.

Ich entschuldige mich für die Unordnung in meinem Büro, biete einen Platz an und bin einfach locker. Nicht übertrieben. Ich zeige der Frau, dass sie eine Persönlichkeit ist, ein gleichgestellter Mensch und nicht nur ein Lustobjekt.

Ich erzähle von mir – nur soviel wie nötig, um das Eis zu brechen – und lehne die Bürotür an. Ich schließe sie nicht, ich lehne sie nur an.

Treten wir kurz zurück, denn hier passiert etwas Ungewöhnliches und nicht Alltägliches: Zwei einander fremde Menschen, die sich gerade ein paar Minuten kennen, eine junge Frau um die 20 und ein Polizeibeamter, vielleicht zehn Jahre älter, reden bei einem Kaffee in einem kleinen Büro über das, was sich manche Ehepaare selbst nach Jahren nicht anvertrauen würden.

Als sie geht, wir haben uns auf den Künstlernamen Anna für sie geeinigt und ich werde sie vor anderen mit diesem Namen ansprechen, habe ich diese Furchen auf der Stirn, dieses nachdenkliche Gesicht. Mein Bericht über die Neue in der Stadt, über ihren Werdegang in der Szene und einfach über ihr Leben, fällt ein bisschen länger aus.

»Warum?«, fragen Sie? Nun ja, es scheint ein bisschen Mitleid im Spiel zu sein. Ich fühle mit der Frau, die keinen Kontakt zu ihrer Familie hat und auf falsche Versprechungen ihrer ersten großen Liebe hereinfiel. Sie erwachte erst aus ihrem Traum, als sie die blauen Flecken in ihrem Gesicht und die Schwellungen an ihrem Körper im Spiegel sah und versuchte, diese durch Sonnenbrille und lange Kleidung zu verstecken. Kein Job, und maßlos verschuldet.

Wo sie wohnt? Nun, sie nutzt ihr angemietetes Zimmer in dem Haus mit der roten Leuchtschrift am Eingang und den rot beleuchteten Herzen in den Fenstern zum Wohnen. Sie schläft in dem Bett, das sie zuvor für die Dauer der von ihr angebotenen Illusion mit einem Bezahlenden teilte.

»Freunde?«, fragen Sie?

»Nicht in meiner Stadt«, sagt sie und schüttelt den Kopf, sie kommt von weit her, aber dort ist sie genauso allein wie hier.

Sie ist viel herumgekommen, bot sich zuvor in einer dunklen und nachts nur spärlich beleuchteten Seitenstraße einer anderen Großstadt an und entfloh dieser farblosen Welt, nachdem die Phantasien und Forderungen mancher Kunden das überstiegen, was sie noch bereit war zuzulassen.

Sie wollte eine kleine Wohnung hier in der Stadt. Der Vermieter fragte nach ihrem Einkommen. Sie beschrieb ihm ihre Beschäftigung und nun ist die Wohnung an jemand anderen vermietet. Sie wollte eine Arbeitsstelle hier in der Stadt. Der Filialleiter fragte nach ihrer Wohnung. Sie sagte ihm, wie sie gerade wohnt, erklärte ihm das Zimmer in dem Haus mit den roten Neonröhren über dem Eingang und nun ist die Stelle an jemand anderen vergeben. Also warum noch die Wahrheit sagen?

Ich fühle mit ihr. Sie nicht? Wir sind doch alle nur Menschen.

Auf meinen Streifengängen besuche ich sie ab und zu. Nicht zu oft, es soll keine Kontrolle sein, sondern eine Präsenz, eine Hilfestellung, wie ein Abschrecken für die Besucher, die nicht sehen wollen, dass diese Frau nicht nur ein Objekt ist.

Ich frage mich manchmal bei meinen Besuchen, wie es ihr wohl in meiner Stadt ergehen wird und ob meine Kollegen und ich in der Lage sein werden, Anna vor einem neuen Zuhälter zu schützen.

Unerwartet, von heute auf morgen, ist sie weg, geflüchtet. Die Arbeitskollegin im Nebenzimmer erzählt mir von dem großen, schweren Mann mit den millimeterkurzen Haaren, der rauchigen und schneidenden Stimme, den eiskalten Augen, den fleischigen Händen und dem hinterhältigen Lächeln, der entgegen der Abmachung mehr körperliche Nähe, mehr Unterwerfung und mehr Liebe einforderte, als sie bereit war zu geben. »Angst spielt eine große Rolle in dieser Szene«, und ich verübele Anna nicht, dass sie geflohen ist, Schutz gesucht hat in der einsamen Anonymität einer anderen Stadt.

Tage später sitze ich mit dem dritten Kaffee und einem Kollegen in meinem Büro: aufgebracht und trotzdem unendlich müde, abgestumpft und trotzdem hellwach, Adrenalin pur die letzten Stunden. Ich konnte den großen, schweren Mann ermitteln, nachdem Anna mich vorgestern angerufen hatte und sich mit mir treffen wollte, wie »zwei alte Freunde« dort, im kleinen Café hinter dem Marktplatz, wo sie so gerne einen Cappuccino trinkt.

Angst hatte sie, aber sie war zurück in der Stadt und erzählte ihre Geschichte von dem großen, schweren Mann, der einfach in ihr Zimmer kam und bestimmte, jetzt ihr Freund zu sein. Er würde nur die Hälfte ihres täglichen Verdienstes und ab und zu ihre Dienste wollen und sie bekomme dafür das Wichtigste in der Szene: Schutz. Panik steigt in ihren Augen auf, als sie erzählt.

Sie beschreibt die Narbe des Mannes auf der linken Gesichtshälfte und unvergesslich scheint ihr in Erinnerung geblieben zu sein, wie machtbewusst der Mann auftrat, ohne Rücksicht auf geschlossene Türen einfach in ihr Zimmer trat, bösartig und aggressiv drohte, sie auf den Zimmerboden warf und an den Haaren niedergedrückt hielt, nur weil sie wie jeder andere Mensch behandelt werden wollte. Der große blaue Fleck an ihrer Schulter ist stummer Zeuge der Gewalt, die er ihr angetan hat.

»Die Festnahme des Mannes war so eine Sache«, erzähle ich scheinbar beiläufig meinem Kollegen, nachdem wir durch Annas Beschreibung der Narbe eine Szenegröße meiner Stadt ermitteln konnten. Lange hatte ich überlegt, wie es machbar sei, einen Mann festzunehmen, der für seine Gewaltausbrüche bekannt ist, der kein Mitleid mit anderen fühlt und sich mit Fäusten durchsetzt – nicht nur bei den Frauen. Solche Einsätze sind nicht planbar, es gibt kein Schema F.

Als wir in die Wohnung des Mannes kamen, standen wir einem bellenden und fletschenden Pitbull gegenüber, den wir gerade noch rechtzeitig im Badezimmer einsperren konnten. Ich sitze nur deswegen wieder im Büro, weil ich dem Mann keine Zeit ließ, das Messer einzusetzen, das er zwischen den Sofakissen versteckt hatte. Beim dritten Kaffee lässt das leichte Zittern meiner Hände nach und ich denke nicht über die Frage nach, wie ich mich wohl gefühlt hätte, wenn der Mann nicht auf die vorgehaltene Schusswaffe und mein laut gerufenes »Waffe weg oder ich schieße« reagiert hätte. Wenn er tatsächlich weiter versucht hätte, mich oder meinen Kollegen zu verletzen oder sogar zu töten und ich hätte schießen müssen. Der Nachgeschmack dieser Gefahr und des Bestrebens unverletzt und am Leben zu bleiben, am Ende der Schicht wieder nach Hause zu kommen, wird mich heute wieder schlecht schlafen lassen.

Anna hat die Stadt verlassen und wohnt bei einer Freundin; besser so, bis sich der Wirbel gelegt hat. Sie meldet sich, wenn sie wieder in der Stadt ist, hat sie mir versprochen und ich glaube, sie war glücklich – jedenfalls hatte sie sich diesmal nicht zu sehr geschminkt. Sie war einfach sie, als wir uns verabschiedeten.

So sitze ich nun beim dritten Kaffee, versuche den Pitbull, das Messer und den großen und schweren Mann zu vergessen, als das Telefon klingelt, die Wache im Erdgeschoss eine unerwartete Besucherin ankündigt. Ich leere meinen Kaffee aus, setze frischen auf, räume die Akten weg, mache die leise Musik an und gehe zum Fahrstuhl.

Die falsche Antwort

von Detlef Ehrike, Hannover

»Schön, dass ihr beide als Team komplett seid«, empfing uns unser Wachgruppenleiter zur Nachtschicht. »Setzt euch mal über Funk mit dem Kollegen vom Spätdienst in Verbindung und löst ihn ab. Er ist im Bereich Barsinghausen unterwegs. Er sucht ein verschwundenes achtjähriges Mädchen und kommt nicht weiter, hat alle Spuren abgeklärt.«

Werner, mein Teampartner, schaute mich mit hochgezogenen Augenbrauen an, und ich wusste, was er dachte: Muss das sein? Nach verschwundenen Kindern zu suchen ist äußerst undankbar. Da wird uns wieder die Zeit rasend schnell durch die Finger rinnen!

Es war noch hell, als wir beim Kollegen vor Ort eintrafen. Irgendwie wirkte er erleichtert, als er uns in die Lage einwies.

»Tut mir leid, aber ich habe alles versucht. Nichts, keine Spur mehr!«

So blieb uns nichts Weiteres übrig, als allen Hinweisen noch einmal von Anfang an nachzugehen.

Mittlerweile war es stockdunkel. Der Minutenzeiger kroch langsam auf Mitternacht vor, als uns der letzte Zeuge einen Hinweis gab.

»Tut mit leid, aber das hatte ich vorhin nicht so auf dem Schirm gehabt. Ich habe das Mädchen ja noch gesehen, wie es über den Spielplatz nach Hause ging. Ich glaube, da saß der Nachbarjunge, ein dreizehnjähriger Schüler, noch auf der Schaukel.«

Sollte das die Lösung sein? Mit gemischten Gefühlen suchten wir die Wohnung des Schülers auf.

»Kommen Sie rein«, forderte uns sein Vater auf. »Ich habe von dem verschwundenen Mädchen gehört und möchte Sie natürlich unterstützen. Mein Sohn schläft schon. Ich werde ihn gleich wecken.« Er wohnte mit seinem Sohn alleine in der Erdgeschosswohnung eines Mehrfamilienwohnhauses. Auf leisen Sohlen schlichen wir hinter ihm her. Dann waren wir an der Kinderzimmertür. Der Vater stieß sie auf und knipste das Licht an. Mein Blick fiel sofort auf die Bilder an der Wand: Pin-up-Girls! Warum hat ein 13-jähriger solche Fotos an den Wänden hängen? Das ist es, hier liegt die Lösung versteckt! Werner schien denselben Gedanken zu haben. Der Vater rüttelte seinen fest schlafenden Sohn an der Schulter, weckte ihn und erklärte ihm dann, warum wir hier sind.

Ja, er hat auf der Schaukel gesessen, als das Mädchen über den Spielplatz gegangen ist. Und er hat es auch angesprochen und ihm einen schönen Abend gewünscht. Das Mädchen sei dann weitergegangen und kurze Zeit später sei er auch nach Hause gekommen.

Wir wussten, was wir zu tun hatten. Werner übernahm die Untersuchung der getragenen Bekleidung des Jungen und die weitere Befragung. Seine Bekleidung war unauffällig. Keine Spuren, die in Zusammenhang mit dem verschwundenen Mädchen zu bringen wären.

Ich durchsuchte sein Zimmer. Dabei stieß ich auf einen Bettkasten, der mir bis zum Bauchnabel reichte. Eigentlich ein geeignetes Versteck für eine Leiche, dachte ich und warf einen Blick auf den Jungen, als ich den quadratischen Holzdeckel anhob. Keine Regung in seinem Gesicht. Als erstes sah ich ein Kopfkissen und zog es heraus. Danach quoll das Kissen förmlich auf. Es war nach Großmutterart mit vielen Daunen vollgestopft. Der Gesichtsausdruck des Jungen veränderte sich nicht. Seine gesamte Körpersprache wirkte völlig teilnahmslos. Ich blickte wieder in den Bettkasten. Tief unten bemerkte ich eine Zudecke, die offenbar die gleiche Bauart hatte wie das Kopfkissen.

»Nein«, dachte ich, »darunter kann kein Mensch mehr liegen, auch nicht eine Achtjährige.« Ich stopfte das Kissen zurück und legte den Holzdeckel wieder drauf. Der Dreizehnjährige zeigte absolut keine verräterischen Reaktionen. Trotzdem, mir war mulmig zumute. Ich wurde das Gefühl nicht los, dass die Lösung direkt vor unserer Nase lag.

Der Vater bestätigte die zeitlichen Angaben seines Sohnes. Dennoch hielten wir den Jungen für verantwortlich und wollten jede andere Möglichkeit des Verstecks der Leiche ausschließen. Der Vater war damit einverstanden, dass die Ortsfeuerwehr seinen Gartenteich leer pumpte und wir seinen Gartenschuppen durchsuchten – immerhin war es schon weit nach Mitternacht!

Schließlich rückten wir ab und gingen dann zu den Eltern des vermissten Mädchens. Der Pastor war da. Hier konnten wir nur trösten, so gut oder schlecht es eben ging. Wir waren nicht darin geschult, sondern mussten stattdessen aus unseren Erfahrungen schöpfen. Von den Ermittlungen bei dem Dreizehnjährigen erzählten wir nichts. Schweigsam und mit schwerem Herzen fuhren wir mit unserem alten Opel zurück zur Dienststelle nach Hannover.

»Dieses Ding diktieren wir nicht auf Band!«

»Nein, wir schreiben es sofort!«

»Genau, da muss der Frühdienst sofort ran!«

»Oder am besten gleich das Erste Kommissariat!«

»Dieser Kerl, die Sache stinkt, obwohl es keine kriminalpolizeilichen Erkenntnisse über ihn gibt.«

Nach Dienstende fuhr ich nach Hause und legte mich beunruhigt ins Bett. Um halb zehn weckte mich mein lärmendes Telefon.

»Hier ist Klaus«, sagte die vertraute Stimme des Wachgruppenleiters vom Frühdienst.

»Ich wollte, dass du es sofort erfährst«, fuhr er fort. »Wir haben das Mädchen gefunden. Deine Vermutung war ein Treffer. Wir sind sofort hingefahren. Da kam uns der Junge mit seinem Kumpel schon entgegen. Sie zogen eine Holzkarre hinter sich her. Darauf lag ein blauer Plastiksack, so einer, den man für Abfälle benutzt, weißt du?«

»Ja, ja, und …?«, fragte ich ungeduldig und atemlos. Ich war hellwach.

»Ja, in diesem Sack war die Leiche des Mädchens eingewickelt. Sie waren auf dem Weg zu den Bahngleisen und wollten das Mädchen darauf ablegen. Hätte wie ein Bahnunfall aussehen sollen …«

»Und wann und wie wurde es ermordet?«, fuhr ich ihm in die Rede. Für mich stand völlig außer Frage, dass der Dreizehnjährige der Täter war.

»Du erinnerst dich? Er hatte sie doch auf dem Spielplatz getroffen. Er saß auf der Schaukel und hatte sie angesprochen. Er habe sie gefragt, ob sie mit ihm spielen würde. Nein, habe sie geantwortet. Er sei ein Hilfsschüler und mit so einem würde sie nicht spielen. Das war wohl ihr Todesurteil. Er hat sie erstochen. Einfach so.«

»Und warum, verdammt noch mal, warum haben wir keine Blutspuren an seinen Klamotten gefunden? Es war doch nichts weggewischt, auch an seinen Schuhen nicht.«

»Es ist nur ein Stich gewesen. Der Gerichtsmediziner sagt, sie sei nach innen verblutet. Bei so jungen Menschen sei das Körpergewebe so elastisch, dass sich die Wunde sofort nach außen hin schließen könnte. Das ist wohl hier so geschehen.«

Dann kam mir ein fürchterlicher Gedanke. Meine Knie wurden weich und mir wurde übel. Ich musste mich setzen.

»Und wo hatte er die Leiche versteckt?«

»Du hast doch den kleinen Bettkasten beschrieben. Sie lag unter der reingestopften Bettdecke!«

»Als ich durchsucht habe …?«

»Ja!«

»Und …?«

»Ich weiß schon, was du fragen willst. Du brauchst dir keine Vorwürfe zu machen. Sie war zu diesem Zeitpunkt mit an Sicherheit grenzender Wahrscheinlichkeit schon tot!«

In diesem Moment war ich der einsamste Mensch auf der

Welt. Die Erde hatte aufgehört sich zu drehen. Ich nahm keinen Laut mehr wahr. Selbst die zwitschernden Vögel blieben für mich stumm.

Schweben

von Janine Binder, Köln

Ich blicke auf mich hinunter und sehe mich, meine verschwitzte Uniform, das Kleinkind auf meinem Arm. Der Kleine hat einen dunkelbraunen Mund, auf den ersten Blick sieht es aus, als hätte er beim Schokoladeessen gekleckert, auf den zweiten erkennt man das Blut. Ich muss ihn fest halten, weil er zappelt und sich windet und nach seiner Mutter schreit. Seine Zunge blutet immer noch, da hat er sich drauf gebissen, als das Auto mit ihm, Mama, Oma und Opa mit 120 Sachen unter einen auf dem Seitenstreifen stehenden Laster fuhr.

Ich sehe, wie ich mich mit dem Kleinen auf dem Arm umdrehe und wegbewege, wie ich ihn aus der stressigen Zone heraustrage, vorbei an seinem total zerfetzten Kindersitz, vorbei an dem Auto, in dem seine Mutter immer noch sitzt und an dem 20 Feuerwehrmänner mit schwerem Gerät arbeiten, um sie frei zu bekommen. Vorbei an seiner Oma, die gerade auf der Beifahrerseite aus dem Auto gezogen wird, deren Gesicht so zerschnitten ist, dass ich dem Kleinen schnell die Hand vor die Augen lege. Ich sehe mich und ihn weiter gehen, sehe, wie ich mich weg drehe, damit er nicht sieht, wie die Ärzte um das Leben seines Opas kämpfen, wie dessen Körper sich aufbäumt, als der Arzt zum wiederholten Mal die Defibrillatoren ansetzt und einschaltet.

Der Kleine wird ruhiger, kuschelt sich in meinen Arm und wimmert leise, ich höre mich, wie ich ihm zuflüstere. Ich wispere kleine Versprechen in sein Ohr und höre, wie der Arzt, der neben seinem Opa kniet, sagt: » OK, bringt nichts. Todeszeit 19.30!«

Ich spüre, wie sich die Dinge um mich beruhigen, merke, wie ich wieder in meinen Körper zurückkehre und dem Kleinen eine Locke aus der Stirn streiche.

Eine Rettungssanitäterin nimmt ihn mir ab und er klammert sich verstört an mich.

»Nicht weggehen, Tante Polizei«, nuschelt er. Ich halte ihm das Händchen, während die Sanitäterin ihn auszieht und seine kleinen Verletzungen begutachtet.

»Kleiner Mann, da hast du aber mächtig Glück gehabt.«

»Bin schon groß«, nuschelt er und lutscht zaghaft an meinem Notfallschokoriegel. Er braucht ihn heute nötiger als ich. Ich verbiete mir darüber nachzudenken, ob man es Glück nennen kann, dass es ihm gut geht, während mein Kollege gerade ein schwarzes Tuch über seinen Großvater breitet.

Schnell wische ich den Gedanken weg. Verabschiede mich von dem Zwerg und gehe meiner Arbeit nach. Fotos machen, Messen, Personalien einsammeln, Zeugen anhören. Überall wuseln Kollegen herum. Die Feuerwehr arbeitet immer noch fieberhaft daran, die Mama des Kleinen aus dem Auto heraus zu bekommen.

Der Hubschrauber landet, als man sie endlich aus dem Auto heraus hat. Ich merke, wie ich wieder aus mir herausdrifte, wie ich alles wieder aus der Ferne beobachte. Sehe mich das Auto durchsuchen, sehe mich eine Handtasche durchwühlen, aus der Blut tropft. Ich sehe, wie ich würgen muss, als ich ein Portemonnaie herausziehe, an dem wabbeliges, weißliches, graues Zeug klebt. Ich sehe mich meine Arbeit tun, stumpf, ohne Gefühl, alles erledigen, was getan werden muss.

Sehe meinen Kollegen und mich neben der Leiche des Großvaters knien. Wie wir ihn herum rollen, um an das Portemonnaie in seiner Gesäßtasche zu kommen. Ich sehe, wie mein Kollege seine mit Urin und Kot verschmutzten Aidshandschuhe ins Gras wirft, nachdem er die Hosentaschen des Toten durchsucht hat und sich abwendet, während ein anderer die Hose zerschneidet, um an den Ausweis zu gelangen. Ich sehe mich schwitzen, weil der Leichnam so schwer ist und ich ihn nicht mehr lange in dieser Position festhalten kann.

Ich sehe, wie mir jemand einen Notfallschokoriegel zusteckt und ich ihn geistesabwesend esse.

Gut, dass ich schwebe und alles von fern wahrnehme, wäre ich in mir, mich würde es zerreißen.

Mein Streifenwagen rast über die Autobahn, ich merke selbst, dass ich zu schnell fahre, aber ich hab mich nicht mehr unter Kontrolle, muss irgendwas rauslassen, lasse es über das Gaspedal raus. Mein Kollege lehnt sich entspannt zurück und schließt die Augen.

»Ich vertrau dir, gib ruhig Gas.« Mit quietschenden Reifen und nach verbranntem Metall riechenden Bremsen halten wir vor der Uniklinik. Ich sehe uns den Empfang betreten, ahne, was uns erwartet und schwebe wieder davon.

»Polytrauma von der Autobahn?«

Ich sehe mich nicken.

»Ist auf der Intensiv, können Sie aber hin.«

Ich sehe uns durch die Gänge gehen, an einer Tür klingeln und höre, wie mein Kollege mit einem Arzt redet.

»Nein, ich kann die Dame nicht identifizieren. Von ihrem Gesicht ist nicht viel übrig. Aber vielleicht will Ihre Kollegin …«

Er nickt mir zu, und ich sehe mich ihm in einen Raum folgen. Ich sehe Blut auf dem Boden, nicht nur ein bisschen, sondern ganze Lachen, Papiertücher und leere Blutkonserventüten. Viele grün bekittelte Menschen stehen hektisch und betriebsam um ein Bett herum. Auf dem Bett eine Frau, nackt und mit offenen Augen. Sie sieht mich an, denke ich. Unsicher blicke ich zum Arzt und höre mich von weit her fragen.

»Sie ist wach?«

»Nein, sie bekommt nichts mit, sie hat nur die Augen geöffnet.«

Ich nicke erleichtert und bilde mir trotzdem ein, dass ihr Blick mir folgt.

»Kommen Sie näher.«

Ich sehe, wie ich an das Bett trete und den Ausweis aus meiner Tasche fingere. Ich halte ihn hoch, vergleiche. Erst jetzt sehe ich, was mit ihrem Kopf nicht stimmt. Ab den Augenbrauen fehlt die Schädeldecke und seltsame Instrumente stecken in dem Teil des Hirns, den ich sehen kann. Schnell vergleiche ich, Augenbrauenform passt, ich sehe mir die Zähne an und vergleiche. Ja, ich habe die Frau vom Personalausweisfoto vor mir, nur dass sie auf dem Foto hübsch ist und in die Kamera lächelt. Das Foto hat außer den Brauen und Zähnen nichts mit dem gemein, was dort auf dem Bett liegt.

Still und leise verlasse ich das Zimmer. Mein Geist folgt mir, segelt hinter meinem Körper durch die Luft, nimmt nicht mehr wahr, wie der Kollege mir die Hand auf die Schulter legt, bekommt nicht mehr mit, wie wir die Wache kurz darauf erreichen. Erst als das Telefon klingelt, erwache ich aus meiner Trance, fühle wieder was.

»Autobahnpolizei!«

»Uniklinik hier.«

»Ja?«

»Ich wollte nur nachfragen, ob die Dame noch Verwandte hat und ob diese sie noch mal sehen wollen, dann würden wir sie so lange am Leben erhalten.«

»Wir konnten noch niemanden erreichen.«

Stille am anderen Ende, dann ein Räuspern. »Gut, dann hat die Quälerei für sie jetzt ein Ende. Todeszeitpunkt: 23.50.«

Ich höre einen lang gezogenen Piepston, dann nichts mehr.

Ich schwebe wieder durch den Raum, setze mich auf einen Unterschrank und sehe mir dabei zu, wie ich den Unfallbericht tippe.

Erst als Kollegen mit einem Teller voll Grillfleisch und einer Kiste Bier im Raum erscheinen, verspüre ich Lust, in meinen Körper zurück zu kehren. Feierabend hätte ich schon vor Stunden gehabt.

Ich drücke auf Enter und der Drucker spuckt den fertigen Bericht aus. Ich setze eine Bierflasche an den Mund und leere sie zur Hälfte.

Jemand steht hinter mir.

»Kommst du klar?«

»Jaja«, sage ich, ein bisschen zu rasch.

»Kannst du schlafen, heute?«

Ich schüttele den Kopf. Seine Hände legen sich auf meine Schultern, massieren sanft den Druck in meinem Nacken weg.

»Ich auch nicht.« Ich leere meine Flasche, er reicht mir eine neue. Ich sehe in seinem leeren Blick, dass nicht nur ich heute einiges zu verarbeiten habe.

Seitenwechsel

von Volker Uhl, Ludwigsburg

»Wehe, Sie haben mich angelogen. Dann passiert was!«

Wie oft hatte ich als Polizeibeamter diesen Satz schon gesagt, in der Hoffnung, der Täter würde sich die Sache nochmals überlegen und ein Geständnis ablegen. Nun muss ich ihn mir zum ersten Mal selbst anhören.

Ich stehe auf der Rampe vor der Tür der Boeing 757. Vor fünf Minuten noch saß ich zufrieden neben meinem Sohn in der Maschine und wartete auf den Abflug nach Hause. Zwei Uniformierte waren an meinen Platz gekommen und hatten nach unserem Gepäck gefragt, das bei der Sicherheitskontrolle aufgefallen war. »In wessen Tasche waren die Auto-Kennzeichen?« fragte mich der eine, ohne sich vorzustellen. »Und woher haben Sie die?«

»Von der Seattle Police«, antwortete ich. Das fand er nicht so lustig. »Ich bin Polizist aus Deutschland und habe Kollegen in Seattle besucht. Die gaben meinem Sohn die Kennzeichen als Souvenir mit«, schob ich schnell nach.

Sein Blick blieb grimmig, aus dem kaum geöffneten Mund kam die Frage nach meiner Dienstmarke.

»Ich hab keine dabei. Sehen Sie doch, ich habe sogar ein Uniform-T-Shirt erhalten.« Ich schob mein geöffnetes Hemd zur Seite, um ihm das Wappen der Seattle Polizei auf der linken Brust zu zeigen.

»Kommen Sie bitte mit, wir müssen das klären!«, forderte der Polizist mich auf.

Ich schnallte mich ab, holte das Handgepäck aus der verschlossenen Stauklappe und wandte mich an meinen Sohn. »Josua, komm mit, die wollen uns draußen befragen.«

Der amerikanische Polizist hält die Visitenkarte von Sergeant Ernie in der Hand, die ich ihm gegeben hatte, und wählt über sein Handy dessen Nummer.

»Ernie wird gleich bestätigen, dass er uns die Kennzeichen gegeben hat. Dann können wir wieder zurück«, versuche ich meinen Sohn zu beruhigen.

Ernie geht nicht ran.

»Probieren Sie diese andere Nummer«, versuche ich die Situation zu retten und reiche dem Uniformierten eine zweite Visitenkarte. »Wir trafen den Officer auf Streife. Ernie kannte ihn. Er wird bestätigen, dass ich deutscher Polizist bin und alles seine Richtigkeit hat.«

»Gib ihm doch die Karte von Jeff«, sagt Josua.

Doch Jeff war auf einem Treffen der internationalen Polizeiorganisation, deren Mitglied ich bin, und deren hellblauer Ausweis mir jetzt auch nichts nützte.

»Verdammt, wo hab ich nur die Handynummer von Ernie?« Ich krame in meiner Brieftasche.

Ich schaue auf das Namensschild des Polizisten, das über der linken Brusttasche des schwarzen Uniformhemdes akkurat gepinnt ist. »Sgt. Morse«, weiße Schrift auf schwarzem Grund. Wie geht noch mal der Morsecode für »Hilfe« – SOS – save our souls. Drei kurz, drei lang, drei kurz.

»Sie müssen hier bleiben. Der Flieger geht ohne Sie. Wir müssen das überprüfen«, sagt Morse mit ernstem Gesicht.

»Was, Sie machen Witze! Das glaub ich nicht. Wo ist die versteckte Kamera? Mein Sohn muss morgen zur Schule.« Eine Mischung aus Wut und Angst macht sich in mir breit. Dies muss ein schlechter Film sein. Zu meinem Sohn sage ich cool: »Der spinnt, er sagt, wir müssen hierbleiben.« Josua schaut mich kopfschüttelnd aus entsetzten Augen an.

Morse nickt der Stewardess zu.

Die Türe der Boeing 757 wird zugezogen. Der macht Ernst.

»Folgen Sie mir! Sie sind aber nicht offiziell festgenommen.«

Morse dreht sich zu mir um, »Wehe, Sie haben mich angelogen …«, wiederholt er.

Er steckt seinen Schlüssel in die Seitentür des Jetways. Wir steigen mit mulmigem Gefühl die schwankende Treppe runter.

Während Flug Nr. NW 36 mit den leeren Sitzen 17C und 17D rückwärts aus der Parkposition geschleppt wird, machen wir den Adler: körperliche Durchsuchung. Die Passagiere auf den Fensterplätzen der rechten Seite sehen, wie wir die Hände mit den Innenflächen auf den Kofferraumdeckel des weiß-blauen Fords legen. Direkt über die Aufschrift »Seattle – Airport-Police«.

Mein Protest, dass wir doch bereits sämtliche Sicherheitskontrollen passiert hatten, wird von Morse ignoriert.

»Vorschrift ist Vorschrift«, antwortet er knapp.

Scheint wohl international zu sein. Der letzte Strohhalm, wenn man etwas Unsinniges durchführt.

»Gott, haben die Angst. Solche Schisser«, flüstere ich Josua zu.

Morse und sein Kollege tasten uns ab. Dann lassen sie uns in ihren Wagen steigen. Türgriffe oder eine Fensterkurbel sind im Fond nicht vorhanden.

»Wie geht's dir? Alles OK?«, frage ich meinen Sohn. Stummes Schulterzucken.

»Wenn ich Ernie erwische. Dem dreh ich den Hals um. Wie kann der uns Kennzeichen schenken, die als gestohlen ausgeschrieben sind?«

Der Ford stoppt nach kurzer Fahrt vor der Tür »Airport-Police«. Morse öffnet die Fahrzeugtüren, führt uns in die Wache, wo wir bereits von unserem Gepäck erwartet werden. Die Reißverschlüsse der Taschen sind geöffnet. Oben drauf die acht Autokennzeichen. Ernies Souvenir.

Ernie hatte mir sogar ein Uniformhemd schneidern lassen in dem Laden, in dem die Seattle-Polizisten ihre Uniform kaufen müssen.

»Wie viele Jahre bist du schon Polizist?«, hatte er mich noch gefragt.

»26«, hatte ich geantwortet.

»Dann bekommst du drei Ärmelstreifen. Für acht Dienstjahre gibt es jeweils einen Streifen.«

»Hier hast du ein paar Kennzeichen. Als Souvenir.« Ernie hatte Josua eine braune Papiertüte rüber geschoben. »Die habe ich eingezogen, weil die Steuern nicht bezahlt waren.« Josua freute sich über das coole Mitbringsel.

Im Vernehmungsraum gibt es eine große Fensterfront mit Rollo, einen nackten Tisch und vier Stühle. Genauso wie im amerikanischen Krimi. Ein dunkelhäutiger Detektiv mit Anzug, weißem Hemd und Hosenträgern ist allerdings nicht zu sehen. Stattdessen ist Morse wieder dran.

»Ich werde das jetzt abklären und telefonieren. Sie sind offiziell nicht festgenommen«, betont er wieder. Wir bleiben mit einem Polizisten zurück.

Vor zwei Wochen saß Josua noch am Steuer eines Streifenwagens in der Tiefgarage des Seattle Polizeireviers. Wir machten Urlaubsfotos. Den Arm lässig auf dem geöffneten Fenster, die Tür so weit geöffnet, dass das Polizeiemblem als Echtheitszertifikat mit aufs Bild kam. Jetzt zählte das gar nichts mehr. Wir waren Verbrecher, wenn auch immer noch nicht offiziell.

Dabei hatte der Trip klasse begonnen. Am Flughafen waren wir von Jeff, dem Präsidenten der Internationalen Vereinigung der Polizisten abgeholt worden. Großes Hallo und zwei Tage Programm bei der Seattle Polizei folgten. Besichtigung der Hafenpolizei. Rundfahrt mit dem Patrouillenboot. Vorbei am Hausboot von Tom Hanks, in dem er seine schlaflosen Nächte auf der Suche nach Meg Ryan verbrachte. Mittags zum Schießstand. Dort lernten wir Ernie kennen. Schießen mit Pump Guns, Wechsel zum Pistolenstand, Abendessen im feinen Restaurant mit den Familien. Besichtigung der Einsatzzentrale nachts um zwölf, Uniformhemd schneidern lassen, Kennzeichen als Souvenir. Sightseeing.

»Wie kann uns dieser Idiot Kennzeichen geben, die gestohlen sind? Wenn ich den erwische …« Meine Gedanken kreisen wie wütende Hunde um die Erinnerung an Ernies großspurige Geste.

»Geben Sie mir bitte Name und Adresse«, fragt mich der Polizist namens Myers im Vernehmungsraum.

»Von Ernie?«

»Nein, Ihren!«, kommt es leicht genervt zurück.

»Haben Sie doch schon.«

»Ich brauchs eben noch mal.«

Kopfschüttelnd nenne ich das Gewünschte.

»Wo haben Sie die Kennzeichen her?«, fragt Myers weiter.

»Das habe ich doch auch schon hundertmal erklärt. Ich bin deutscher Polizist und habe mich mit Kollegen in Seattle getroffen, Sergeant Ernie gab uns die Kennzeichen als Souvenir. Und übrigens, schauen Sie doch im Computer nach, wann die Dinger geklaut wurden. Sie werden sehen, dass dies bereits vor meiner Einreise war.«

»Das ist egal. Sie sind im Besitz gestohlener Sachen. Das reicht, ist nach amerikanischem Recht strafbar.«

Er bringt uns Wasser aus dem Spender im Wachraum.

Der nächste Polizist kommt mit meiner Visitenkarte mit dem Logo der Polizei-Poeten. »Was ist das?«, fragt er brüsk.

»Klicken Sie im Internet die Web-Adresse an und Sie werden sehen, dass ich Polizist bin. Außerdem schreibe ich gerade ein Buch über Erlebnisse von Polizisten im Dienst. Da kann ich das hier gleich mit aufnehmen«, erkläre ich ihm.

Es vergeht fast eine Stunde, ehe Morse wieder kommt.

»Sorry, ich kann Ernie nicht erreichen. Sie müssen weiter warten.«

»Das gibt es doch nicht. Wie lange soll das noch gehen?«, frage ich, als ob das irgend etwas an unserer Lage ändern könnte.

»Erklären Sie nochmals, wie Sie an die Kennzeichen gekommen sind. Fünf der acht Kennzeichen sind als gestohlen ausgeschrieben.« Jetzt stellt Morse wieder die Fragen.

»Da sehen Sie es doch. Soll ich fünf geklaut und drei als Souvenir erhalten haben?« Ich bin am Ende meiner Geduld.

»Jetzt hör mal gut zu mein Freund. Entstempelte Kennzeichen wandern in einen verschlossenen Schrank. Der Wachhabende führt hierüber Buch. Daher klingt es unglaubwürdig, dass ein Polizist euch die Kennzeichen gegeben hat. Und wenn er es doch gemacht hat, dann kriegt der ganz schön Ärger.«

Er verlässt den Raum. Meine Gefühlslage ändert sich. Mein Ärger weicht einer schleichenden Furcht. Ich sehe mich zwar noch keinen orangeroten Overall in Guantánamo tragen, aber im freien Amerika scheint alles ein wenig anders zu laufen.

»Officer Myers, nehmen wir an, ich wäre ein hier wohnender Amerikaner und hätte fünf als gestohlen ausgeschriebene Kennzeichen im Gepäck. Was würde mir dann passieren?«, frage ich unseren Wärter.

Er schaut mir direkt ins Gesicht. »Dann würden wir Sie festnehmen. Sie würden morgen dem Richter vorgeführt, der eine Kaution von etwa 5 000 Dollar festlegen dürfte. Können Sie die nicht bezahlen, dann kommen Sie ins Gefängnis.«

Gute Aussichten mit drei Dollar fünfundsiebzig im Geldbeutel, denke ich und muss noch eine Frage stellen: »Nehmen wir an, Ernie hat etwas falsch gemacht und streitet die ganze Geschichte ab, damit er kein Disziplinarverfahren bekommt. Was dann?«

»Na ja, dann wird's schwieriger«, kommt die ausweichende Antwort, die mich nicht glücklicher macht. Der Ernst der Lage wird mir plötzlich klar. Diese Sache könnte böser ausgehen, als ich bisher gedacht hatte.

26 Lamellen hat die Jalousie vorm Fenster des Vernehmungsraumes. Ich zähle sie von oben nach unten. Von links unten nach rechts oben. Im Zick-zack-Kurs. Es bleiben 26.

»Mister Uhl, Sergeant Ernie ist am Telefon.« Morse ruft mich in die Wache. Die ganze Mannschaft ist versammelt. Einer drückt mir den Hörer in die Hand.

»Ja!«

»Volker, es tut mir ...«

»Du bist so ein großer Idiot ...«, meine Stimme überschlägt sich.

»Aber ...«

»Nix aber. Ich bin total angepisst. Wie kannst du nur so blöd sein! Ich komm mir hier wie ein Verbrecher vor. Du bist so ein Trottel.«

Die Flughafenpolizisten grinsen.

»Volker, es tut mir leid. Da ist was schief gelaufen. Ich komm für deine Unkosten auf«, versucht Ernie mich zu beruhigen.

»Ist schon gut Ernie. Ich bin ja froh, dass du nicht übers Wochenende weggefahren bist. Weißt du, wie das ist, wenn du drei Minuten vor dem Abflug aus dem Flieger gezerrt wirst? War wie im schlechten Film. Dann werde ich hier über zwei Stunden festgehalten. Sehe mich und meinen Sohn schon mit leeren Taschen vorm Richter stehen. Das ist nicht lustig.«

Nach Ende des Telefonates klopft mir Morse mit einem Lächeln auf die Schulter. »Haben Sie doch die Wahrheit gesagt!«

Die Achterbahnfahrt meiner Gefühle war zu Ende. Ich war wieder ein Kollege und hatte Morse eine Erfahrung voraus: Man weiß nie, wovon man redet, bis man selbst betroffen ist.

Mit eintägiger Verspätung kommen wir in Frankfurt an. Für die Zugfahrt nach Hause kaufe ich eine Zeitschrift. Dort lese ich einen Bericht über einen farbigen Amerikaner, der nach 30 Jahren gnadenhalber aus dem Gefängnis entlassen wurde. Er hatte ein Fernsehgerät aus einer Wohnung gestohlen. Ein schwarz-weißes. Die ganzen Jahre hatte er seine Unschuld beteuert.

Der blutige Schlüssel

von Elmar Heer, Nürnberg

Mich fröstelt. Ich ziehe den Reißverschluss meines Winteranoraks noch weiter hoch, bis zum Kehlkopf. Unwillkürlich muss ich schlucken, was ein bisschen schmerzt, so trocken ist mein Hals. Der scharf abgegrenzte Strahl meiner Stablampe tanzt vor mir durch den dichten Nebel, welcher nicht nur das Licht, sondern auch die Geräusche um mich herum dämpft und nicht mehr als fünf Meter vordringen lässt. Nicht weit hinter mir müsste eigentlich mein Kollege Bernd gehen, aber ich höre nur das Knirschen meiner eigenen Schuhe im groben Schotter.

Irgendwie fühle ich mich vorgeschickt von meinem Partner: Bernd, der alte Haudegen mit über 20 Jahren Diensterfahrung. Bernd, der schon alles erlebt haben will. Bernd, den nichts mehr zu erschüttern und dem kein Witz zu schwarz scheint, ist heute auffällig bedächtig aus dem Streifenwagen ausgestiegen, schweigsam. Als wollte er mir einen Vorsprung lassen, suchte er noch umständlich etwas auf dem Rücksitz, während ich schon den steilen Bahndamm hinaufstieg. War es vielleicht gerade seine Erfahrung, die ihn zögern ließ?

Ich bleibe genau zwischen den Schienen, während ich mich wie einst als Kind bemühe, meine Schrittlänge dem Abstand der dunklen Eichenschwellen anzupassen. Ich bewege mich betont langsam vorwärts, hoffe insgeheim, dass mein Streifenpartner noch zu mir aufschließen würde, doch von ihm ist nichts zu hören oder zu sehen. Die Bahnstrecke ist gesperrt, seit vor 25 Minuten ein Intercity-Führer bei Tempo 160 einen dumpfen Schlag gehört und dies der Leitstelle gemeldet hatte. Irgendwo hier muss es passiert sein, irgendwo zwischen Streckenabschnitt 13,5 und 15,0.

Der Nebel wird dichter, die kalte Feuchtigkeit kriecht unter meine Uniform, lässt mich schaudern. Für einen Moment bin ich versucht, irgendeine Melodie zu pfeifen, wie es Kinder manchmal tun, wenn ihnen unheimlich ist. Das von Raureif steif gefrorene Gras links und rechts der Gleise glitzert im weißen Licht, während ich die Lampe systematisch hin- und herschwenke, um mir kein Detail meiner Umgebung entgehen zu lassen. Trotzdem trete ich plötzlich auf etwas Weiches. Ich gerate ins Straucheln, da ich den Fuß nicht voll belasten will und unbeholfen einen Ausfallschritt versuche. Erschrocken, aber auch angeekelt lenke ich mit angehaltenem Atem den Lichtstrahl auf die Stelle, die mich aus dem Tritt gebracht hat. Laut atme ich wieder aus. Erleichtert erkenne ich, dass sich dort nur eine dicke Schicht Moos auf dem Holz breit gemacht hat. Nichts Blutiges, Schreckliches. Nur Moos.

Vielleicht hat sich der Zugführer ja geirrt, der Triebwagen nur einen durch den Sog hoch gewirbelten Schotterstein überfahren. Oder war es ein aufgescheuchter Vogel, der an der Windschutzscheibe des Intercity sein unschönes Ende gefunden hatte? Schlimm genug wäre für mich schon, auf ein zerrissenes Reh oder Wildschwein zu treffen. Der Aufprall auf einen mit 160 Stundenkilometern durch die Nacht rasenden, tonnenschweren Stahlkoloss lässt selbst von einem großen Tier nicht viel mehr übrig als eine Unzahl von Fetzen in der Größe einer Portion Wildbret, wie man es sich sonntags in der Gaststätte servieren lässt. Ein dumpfer Schlag kann viele Ursachen haben, versuche ich mich zu beruhigen. Muss ja nicht unbedingt ein Mensch gewesen sein.

Weit entfernt höre ich Bernd husten. Bin doch nicht so alleine, wie ich mich gerade noch gefühlt habe. Vorsichtig setze ich meinen Weg fort, einen Fuß vor den anderen, um ja nicht wieder auf etwas zu treten, das mir einen solch gehörigen Schrecken einjagen kann wie eben dieser Ballen Moos. Etwas Helles reflektiert plötzlich das grelle Licht meiner

Mag-Lite durch den Nebel, etwa acht Meter vor mir, rechts der Gleise. Weiß mit Rot! schießt es mir durch den Kopf, während ich meinen Schritt beschleunige.

Eine Plastiktüte. Nur eine weiße Plastiktüte mir roter Aufschrift »Metzgerei Müllner – täglich frische Wurst- und Fleischwaren«. Mein Puls, der sich gerade erst wieder etwas beruhigt hatte, rast wieder, 180 Schläge pro Minute, schätze ich.

»Mach dich doch nicht verrückt«, beginne ich flüsternd mit mir selbst zu reden, »keiner tut dir was«. Nicht der Moosballen, und die Tüte schon gleich gar nicht. »Metzgerei Müllner – täglich frische Wurst- und Fleischwaren« lese ich nochmals laut mit sarkastischem Unterton den Werbetext auf der Einkaufstasche. »Auch das noch …«

Mir kommt es vor, als wäre eine Ewigkeit vergangen, seit ich die kleine Blechtafel mit dem Aufdruck 13,5 passiert habe. Kann einem eine Strecke von 1 500 Metern so lang vorkommen, frage ich mich. Das erlösende Schild mit der 15,0, welches das Ende der Suche bedeuten würde, ist nicht in Sichtweite.

Fünfuhrzwanzig. Ein Blick auf meine Uhr bestätigt, dass sich mein Zeitgefühl gehörig verschoben hat. Ich bin erst seit gut zehn Minuten unterwegs. Die Schwärze dieser mondlosen Nacht weicht ganz allmählich einem fahlen Grau, was den Nebel aber nicht transparenter werden lässt. Mittlerweile gehe ich schneller, will das Ganze endlich hinter mir haben. Außerdem ist um sechs Dienstschluss.

Weiter vorne dampft etwas zwischen den Gleisen, wahrscheinlich ein Kanaldeckel. Gibt es Kanaldeckel auf Bahndämmen? Als ich dieses dampfende Etwas erreiche, krampft sich mein Herz zusammen, Übelkeit macht sich breit, ich muss den Brechreiz niederkämpfen. Vor meinen Füßen liegt ein blutiger Klumpen, an dessen Oberfläche menschliche Haut zu erkennen ist.

»Bernd! Bernd, ich hab was gefunden!« Mit überschlagender Stimme schreie ich meine Erkenntnis hinaus in die

Dunkelheit. »Ich hab ihn gefunden!« Oder sie. Jedenfalls ein Stück von ihr. Oder ihm.

Schockiert, aber auch angewidert wende ich mich ab von diesem Überbleibsel menschlichen Lebens. Erst vor kurzem habe ich wieder einmal über die These gelesen, dass sich die Seele eines Verstorbenen noch einige Zeit nach Eintritt des Todes in der Nähe seines Körpers befinde, über ihm schwebe und das Szenario betrachte. Nun kann ich das Entstehen dieser Theorie nachvollziehen, denn dieses Gefühl, beobachtet zu werden, ergreift mich und lässt meine Nackenhaare sich aufstellen. Reflexartig drehe ich mich um – und blicke in die eisgrauen Augen eines älteren Mannes, die mich, weit aufgerissen, anstarren.

Nur zwei Schritte entfernt, zwischen einem hoch gewachsenen Grasbüschel und einer Silberdistel, liegt der Kopf eines Menschen. Nein, er liegt nicht einfach so da, er wirkt wie abgelegt, hindrapiert, als hätte jemand Wert darauf gelegt, dass man die klaffende Wunde, wo einmal der Hals gewesen ist, nicht sehen kann. Der Mund ist leicht geöffnet, die Unterlippe etwas vorgeschoben, so dass man die untere, gelb verfärbte Zahnreihe zum Teil erkennen kann. Etwas Blut im linken Mundwinkel, ein paar Spritzer quer über die von Falten durchzogene Stirn, aber keine weiteren offenen, entstellenden Verletzungen. Fast scheint es, als habe der Verzweifelte im Tode sein Gesicht gewahrt.

Wie gebannt stehe ich da, erstarrt, nicht in der Lage, mich seinem überraschten, vielleicht sogar vorwurfsvollen Blick zu entziehen.

Es dauert eine halbe Ewigkeit, bis ich die stolpernden Schritte meines Streifenpartners näher kommen höre.

»Da!« Mehr bringe ich nicht über die Lippen, als Bernd schwer atmend eintrifft. Ich deute mit zitternder Hand auf meinen Fund.

»Ja.« Seine Antwort kommt krächzend, er räuspert sich, um den Frosch in seinem Hals loszuwerden und fügt hinzu:

»Das ist sicher nicht alles, hier muss noch mehr sein.« Wie synchronisiert schwenken die Lichtkegel unserer Lampen in die Horizontale, in Fahrtrichtung des Zuges. Der Nebel hat sich etwas gelichtet und gibt eine Szene frei, die in den Zeitungen häufig mit den Worten »Den Helfern bot sich ein Bild des Grauens« beschrieben wird.

Helfer? Davon kann hier keine Rede mehr sein. Sich trichterförmig ausbreitend, erkenne ich auf einer Strecke von etwa 30 Metern unzählige Stellen, wo mehr oder weniger Dampf aufsteigt. Für einen Moment glaube ich mich auf einem erkalteten Lavafeld in Island, in dem heiße Quellen ihren Schwefeldunst verbreiten. Aber ich bin nicht auf Island, und es riecht nicht nach Schwefel. Ich stehe auf einem Bahndamm und – es riecht süßlich.

Mir wird schwindelig. Mein Blutdruck sackt in den Keller, den Brechreiz habe ich einigermaßen im Griff.

An der Aufprallstelle ist der Boden auf einige Quadratmeter mit einem rot glänzenden Film überzogen. Der Film entpuppt sich bei genauerem Hinsehen als Millionen von feinen Blutspritzern, dicht an dicht, hin gesprüht wie aus einer überdimensionalen Spraydose. Nur die Laufflächen der Schienen sind sauber und schimmern metallisch. Die Räder der nachfolgenden Waggons haben sie gereinigt, blank geputzt.

Bernd leuchtet mir für ein paar Sekunden ins Gesicht und erkennt wohl, in welchem Zustand ich mich befinde: handlungsunfähig. Er zieht das Handfunkgerät aus der Brusttasche meines Anoraks, gibt mit unsicherer, aber möglichst lässiger Stimme den Auffindeort an die Inspektion weiter und kündigt an, dass wir nun mit der Ortung der Leichenteile und eventueller Beweismittel beginnen werden. »Na dann viel Spaß«, antwortet der Führungsbeamte eben so gelassen und teilt noch mit, dass der Kriminaldauerdienst verständigt werde. Ich gäbe jetzt alles dafür, diesen grauenvollen Ort gegen das warme Stübchen des Funksprechers in der Dienststelle zu tauschen.

Langsam löst sich meine Starre, und allmählich beginne ich wieder zu funktionieren.

Gemeinsam, Bernd links des Schienenstrangs, ich rechts, schreiten wir den Tatort vorsichtig ab, immer darauf bedacht, nicht auf etwas zu treten, was zusammen genommen vor einer Stunde noch ein lebensfähiger Mensch gewesen ist. Je weiter wir gehen, desto weiter verstreut sind die Hautfetzen, Fleischstücke, Organe, dort eine halbe Hand, hier ein Daumen, ein Fuß mit Schuh, blutdurchtränkte Kleidungsstücke. Nach etwa hundert Metern liegt zwischen den Gleisen ein großer Teil des nackten Torsos. Schlimmer kann kein Albtraum sein.

Es ist hell geworden, vom Nebel nur noch ein dünner Schleier übrig geblieben. Der erste Sonnenstrahl lässt etwas vor mir aufblitzen. Langsam gehe ich in die Hocke und angle mit meinem Kugelschreiber einen blutigen Schlüssel, an dem ein verbogener Metallbuchstabe, ein großes R, baumelt, aus den Fetzen der Hose hervor. Ob er die Wohnungstür noch abgeschlossen hat, bevor er sich auf den Weg zum Bahndamm gemacht hat?

Ich bin traurig, trauere um einen Menschen, den ich nicht gekannt, nie getroffen habe. Andererseits bin ich aber auch sauer auf ihn. Wie konnte er mir das nur zumuten? Hat er nicht daran gedacht, was er mir damit antut?

Ich lasse den Schlüssel in eines der transparenten Tütchen fallen und stecke ihn ein.

Mittlerweile sind die Kollegen der Kripo eingetroffen, sie haben kleine, nummerierte Schilder aufgestellt, Spuren gesichert, Fotos gemacht, das Begräbnisunternehmen verständigt. Alles muss möglichst schnell gehen, damit die Bahnstrecke wieder frei gegeben werden kann. Die Bestatter haben einen mit Plastikfolie ausgelegten Zinksarg mitgebracht.

Bernd und ich versuchen, ihnen detailliert zu erklären, wo wir überall Leichenteile festgestellt haben, doch einer der beiden winkt ab. »Keine Sorge, Männer, das kriegen wir schon.« Der andere hat bereits damit begonnen, die Überreste des Selbstmörders in den Sarg zu werfen, achtlos, als würde er Müll entsorgen. Als er den Kopf, dessen Augen ins Leere starren, an den grauen Haaren packt, um ihn anschließend in den Blechschrein fallen zu lassen, kann ich nicht mehr an mich halten.

»Muss denn das sein?!«, schreie ich ihn an, »geht das nicht anders?« Ich weiß nicht, was ich erwartet habe, vielleicht Betroffenheit, eine Entschuldigung, Einsicht. Aber ich ernte nur ein müdes Lächeln dieses Totengräbers, ehe er seine Arbeit fortsetzt.

Mit Tränen der Wut in den Augen gehe ich Richtung Dienstwagen.

Natürlich ist das seine Arbeit, es ist sein täglicher Job, mit Leichen umzugehen. Aber muss man dabei jeglichen Respekt, alle Pietät verlieren? Vielleicht muss man das, um mit dem allgegenwärtigen Tod umgehen zu können, nicht daran zu zerbrechen. Erschöpft lasse ich mich auf den Beifahrersitz fallen.

Mehr als zwei Jahre fahre ich nun Streife in Nürnbergs Straßen, habe viel Unangenehmes erlebt und gesehen, aber jetzt hege ich erstmals Zweifel, ob ich mir tatsächlich den richtigen Beruf ausgesucht habe. Kann man dabei Mensch bleiben? Ich nehme mir vor, alles dafür zu tun.

Seit gut drei Stunden sind wir wieder auf Streife. Nicht allzu viel los heute Nachmittag, ein Ladendiebstahl und ein Unfall mit Blechschaden waren bisher aufzunehmen. Bernd hat sich krank gemeldet. Schade, hätte mich gerne mit ihm über die letzte Nachtschicht unterhalten. Mein heutiger Partner Chris ist zwar ein netter Kerl, aber ich kenne ihn kaum und habe keine Lust, ihm meine Gedanken oder gar Gefühle mitzuteilen.

Obwohl ich erst gegen acht Uhr morgens nach Hause gekommen war, konnte ich lange nicht einschlafen. Zu präsent waren die vorangegangenen Ereignisse, zu schrecklich die Bilder. In den beiden darauf folgenden Nächten schreckte ich mehrmals von Albträumen geplagt hoch.

Heute Mittag rief ich zu Dienstbeginn bei der Kripo an, um mich nach den Hintergründen des Suizids zu erkundigen. Der Mann war noch am Vormittag identifiziert worden. Zunächst nur anhand des blutigen Schlüssels, den ich dem Sachbearbeiter übergeben hatte. Die Enkelin hatte sich Sorgen um ihren Großvater gemacht und ihn als vermisst gemeldet. Als man ihr den Schlüssel vorlegte, hatte sie ihn sofort als seinen wieder erkannt.

Johann Albert W. sei sein Name, 74 Jahre alt, seit zwei Monaten verwitwet, berichtete seine Enkelin. Über 49 Jahre seien sie verheiratet gewesen, Oma Ruth und er. Durch ihren Tod sei eine Welt für ihn zusammengebrochen.

Seither habe er sich zurückgezogen, und sie selbst habe ja nicht die Zeit gehabt, sich ständig um ihn zu kümmern, aber sie hätten gelegentlich telefoniert und ab und zu habe sie auch bei ihm vorbeigeschaut. Andeutungen über seine Absichten habe er beim letzten Gespräch nicht gemacht.

Eine Nachschau in der Wohnung habe keine Erkenntnisse über die Gründe des Selbstmordes gebracht, erzählte mir der Kollege noch, kein Testament, kein Abschiedsbrief. Ob die Wohnungstür abgeschlossen war, wollte ich von ihm wissen. »Keine Ahnung. Warum? Ist das wichtig?« Nein, natürlich nicht. Die Ermittlungen jedenfalls haben ergeben, dass kein Fremdverschulden vorliegt.

Wie traurig muss dieser Mann gewesen sein? Nach zwei Monaten Einsamkeit war er vielleicht zu dem Schluss gekommen, dass mit dem Tod seiner Frau auch sein Leben zu Ende gegangen war. Er hatte sein Leben gelebt, zusammen mit Ruth, der Rest dauerte ihm einfach zu lange.

»Fahren Sie Bahnhofstraße 13. Einfahrt verparkt«, quäkt das Funkgerät. Chris bestätigt und biegt nach links ab Richtung Innenstadt. Das Leben geht weiter. Mein Leben jedenfalls.

Berliner Fenstersturz

von Uwe Hartig, Berlin

Man kann es nicht schmecken, riechen oder gar sehen, da ist nur dieses Gefühl. Es kommt an irgendeinem Tag, grundsätzlich unerwartet und rüttelt uns bis in die Grundfesten unserer Sinne durch. Wenn es geht, hinterlässt es eisige Kälte. Wir werden hoffentlich nie über die Fähigkeit verfügen, solche Tage vorherzusehen.

Ohne darüber nachzudenken machte ich, noch im Halbschlaf, um 04.00 Uhr morgens die übliche Verrenkung, um den Benzinhahn meines Trabant 601 zu öffnen. Zum Trost versprach der Wetterfrosch im fest eingestellten Sender Rias Berlin Sonne und sommerliche 26 Grad. Davon ausgehend, dass es sich dabei um keine feindliche Propaganda handelt, war diese Prophezeiung nicht gerade erquickend für eine Großstadt wie Berlin, doch jenseits des antifaschistischen Schutzwalls würde man genauso ins Schwitzen kommen.

Welcher Sommer, welcher Monat, welcher Tag … ist wenig wichtig für die Geschichte, die ich erzählen will. Sie liegt lange genug zurück, ich träume nicht mehr so oft davon.

Ich war, sagen wir 24 Jahre alt, ein junger Kriminalpolizist, damals noch in der Volkspolizeiinspektion Prenzlauer Berg im Bereich Kriminaltechnik tätig. Es gab noch einen 24-Stunden-Dienst, an mehr als zwei Stunden zusammenhängenden Schlaf, während des Dienstes, auf einer verschlissenen Jägerpritsche, in einem stickigen Büro, war nicht zu denken.

Tatort fotografieren … »Hey Uwe, kannst du mal …«, Spurensuche, »Ach, du hast doch gerade nichts …, kannst du nicht mal …«

Danach mussten die Fotos in der Dunkelkammer entwickelt, Spuren ausgewertet und Fotos von Kriminellen für die Altakte gefertigt werden. Ja, der liebe Uwe konnte, zumal er noch jung an Jahren war und über schier unendliche Energie verfügte.

Ich schaute auf das blaue Zifferblatt meiner Ruhla-Uhr: 04.00 Uhr. Erfreut stellte ich fest, dass es nicht mehr lange bis zum Dienstende wäre. Schon mehrmals war ich über meinem Schriftkram, der immer nebenbei zu erledigen war, eingenickt, doch immer wieder rechtzeitig hoch geschreckt, um meine Arbeiten bis Dienstschluss schaffen zu können. Plötzlich wurde die Tür aufgerissen und einer meiner Kollegen vom Kripo-Dauerdienst stand grinsend vor mir.

»Pennste oder wat?«

Sinnloserweise stritt ich das ab.

»Kümmere dich mal um den Affen aus'm Vernehmungszimmer, Kalle musste zum Einbruch, ick muss noch mal runter in die Kartei, bin och alleene, geh mal mit dem Kerl pissen, in die vierte Etage, die andern sind schon seit Wochen im Eimer, iss wohl irgendwas verstoppt.«

Er warf mir den Schlüssel für die Handschellen zu und zeigte in Richtung des Vernehmungszimmers.

»Hat die Tochter seiner Freundin vergewaltigt, vier Jahre die Kleene, stell dir mal vor …, die olle Drecksau.«

Heute gibt es aufgrund meiner langjährigen Berufspraxis nicht mehr so viele Sachen, die mich beeindrucken können. Delikte mit und an Kindern gehören aber immer noch dazu. Manchmal habe selbst ich Angst vor dieser sachbezogenen Gefühlskälte, mit der man sich selbst zu schützen glaubt und die allzu gefühlsbetonte Entscheidungen verhindern soll. Objektivität ist gefragt! Kollegen, die tagtäglich an der Basis sind, wissen wovon ich rede. Es ist diese Kälte, die sich langsam in einem ausbreitet und schon so manche Beziehung und dann einen selbst aufgefressen hat.

Ich war hundemüde, in meinen Knochen steckten schon 20 Arbeitsstunden, ganz klar, ich hasste den Typen, der die vierjährige Tochter seiner Freundin vergewaltigt hatte. Dass er es getan hatte, daran bestand für mich kein Zweifel. Als ich ihn sah, wusste ich Bescheid. Er war so ein Schmächtiger, mit einer in schwarzes Leunaplastik gerahmten Brille, deren Gläser jeden Glasaschenbecherboden in den Schatten gestellt hätten. Zwei riesengroße dunkle Augen musterten mich flüchtig, wenn sie nicht gerade auf den Fußboden starrten. Die spärlichen Haare des etwa Fünfzigjährigen waren strähnig, dabei doch sorgfältig über die beginnende Glatze gelegt. Als mein Kollege verschwunden war, bat der Kerl mich weinerlich um eine Zigarette. Er streckte mir seine mit Handschellen gefesselten Hände entgegen, vielleicht dachte er wirklich, dass ich ihm diesen Gefallen tun würde. Seine Hände zitterten. Angeekelt sah ich, dass Zeige- und Mittelfinger braun vom Nikotin waren. Er jammerte in einem fort und wollte gerade anfangen zu heulen.

»Hör auf damit!«, hörte ich mich brüllen und erschrak dabei vor meiner eigenen Stimme. Sofort brach das Jammern ab, und der Kerl schaute zu Boden. Recht so, du Ratte! Vier Jahre … so ein kleines Mädchen! dachte ich.

»Kann ich jetzt mal auf Toilette?« Oh mein Gott, fast hätte ich das vergessen. Der Kerl musste pinkeln, deswegen war ich hier! Ich zerrte ihn an den Handschellen hoch und schubste ihn vor mir her, zwei Etagen höher, bis in die vierte Etage. Oben in der Toilette ging ich voraus und überzeugte mich, dass wir die Einzigen waren. Er zeigte mir seine gefesselten Hände.

»Ich muss …«

Ich hatte verstanden und ging davon aus, dass es nicht zu meinen Pflichten gehörte, dem Kerl den Hintern zu wischen. Was sollte auch passieren. Die Klokette am Wandspülkasten wäre viel zu dünn, um sich daran aufhängen zu können. Abhauen konnte er nicht, wohin denn auch? Nachdem ich ihm noch einmal mit dem Schlimmsten gedroht hatte, löste ich ihm die Handschellen. Er rieb sich kurz die Handgelenke und verschwand sofort in einer der Toilettenboxen. Zur Sicherheit schaute ich noch einmal unter der Tür hindurch und sah, dass er die Hosen heruntergelassen hatte. Beruhigt ging ich in den Vorraum der Toilette und schaute in den Spiegel. Die abends noch dunklen Augenringe schimmerten nun tiefschwarz. Ich spülte mein Gesicht mit kaltem Wasser ab und rieb es mit meinen Unterarmen trocken. Das vormals gestreifte Handtuch mit den drei, unter einer Schmutzschicht verschwindenden, blauen Buchstaben, ließ ich unbenutzt neben dem Waschbecken hängen. Ich wollte nicht der 729-ste Handtuchbenutzer sein.

Wie viel Zeit war vergangen, seitdem der Kerl in die Toilette ging? Zu viel, stellte ich mit Erschrecken fest und riss die angelehnte Tür zum Toilettenraum auf. Die Tür der Toilettenbox, in die der Kerl vor ein paar Minuten verschwunden war, stand weit offen. Da er nicht an mir vorbeigekommen war, wo war er dann? Ich riss die Türen der anderen Boxen auf, doch der Mann war unauffindbar. Als ich die Tür der letzten Box wieder zuwarf, sah ich ihn. Das Fenster stand weit offen und der Kerl saß auf dem Fensterbrett. Den Oberkörper hatte er leicht vornüber gebeugt, lediglich ein Lufthauch hätte ausgereicht, um ihn aus dem Gleichgewicht zu bringen. Sollte ich schreien? Im Bruchteil von Sekunden lief der nachfolgende Film vor meinen Augen ab: Ich schrie, der Kerl erschreckte sich, verlor den Halt und stürzte vor meinen Augen in die Tiefe. Ich wäre schuld, dass ein Mensch tot war, nur weil ich ihn angeschrien hatte. Noch während ich überlegte, schob ich mich langsam in den Rücken des Mannes. Ich konnte sehen, dass sein Oberkörper bebte, wie bei einem Taucher, der noch einmal kräftig Luft holt, bevor er ohne Sauerstoff in die Tiefe verschwindet. Plötzlich sah ich ganz deutlich das vierjährige Mädchen vor meinen Augen. Wie war es für sie, wie musste sie sich fühlen? Und wie würde es sein, wenn ich den Kerl einfach in den Hof hinab stoße? Keiner würde es merken, wenn ich nur nicht zu kräftig zustieß. Ein Kinderschänder! Die alte Drecksau! Hatte er es denn anders verdient? Kein Gericht der Welt könnte ihn hart genug für die Tat bestrafen. Ich allein könnte das jetzt in einer Sekunde erledigen, nur noch wenige Zentimeter war ich davon entfernt. Als meine Hand sachte seine Schulter berührte, so, als hätte ich Angst, mich zu verbrennen, zuckte der Mann zusammen. Ich hätte schwören können, dass er auf dem Fensterbrett noch ein paar Zentimeter nach vorn, dem Abgrund entgegen, rutschte. Ich ließ meine Hand auf seiner Schulter liegen. Als ich die Wärme seines Körpers spürte, wusste ich, dass ich niemals am Tod dieses Menschen schuld sein wollte. All meine Sinne konzentrierten sich nun darauf, den Mann zurück in die Toilette zu bekommen. Meine Hand ließ ich auf seiner Schulter liegen.

Wäre in diesem Augenblick Mickymaus durch die Tür marschiert und hätte gesagt, ich solle es so und so handhaben, glauben Sie mir, ich hätte es genauso getan, froh darüber, dass mir irgend jemand die Entscheidung abgenommen hätte.

»Ich weiß, dass du es nicht warst«, flüsterte ich ihm zu, obwohl ich es besser wusste. Sein Körper begann zu zittern und mich überkam jetzt tatsächlich Angst, dass er springen könnte. Obwohl ich nicht damit gerechnet hatte, erwiderte er etwas: »Alle sagen, ich hab's getan. Auch auf Arbeit haben's schon alle gewusst, mein Brigadier, der Alte, alle … und dabei war ich's doch wirklich nicht. Ich habe die Kleine lieb, das hätte ich doch niemals gemacht! Wir haben doch immer nur so gekuschelt, abends im Bett.«

In diesem Augenblick spürte ich noch einmal sprühenden Hass, der sich blutrünstig aus meinem Bauch heraus auf den Weg ins Hirn machte.

Blitzartig umfasste ich den Hals des Mannes und drückte fest zu. Seine Reflexe reagierten prompt. Er nahm beide Hände nach oben und wollte sich aus dem Würgegriff befreien. Das war der Augenblick der Entscheidung. Mit ganzer Kraft riss ich den Mann nach hinten. Ich spürte, wie er wild zappelte und versuchte sich aus meinem Würgegriff zu befreien. Als ich seinen röchelnden Atem ganz dicht neben meinem Ohr hörte, wusste ich, dass ich es geschafft hatte. Sofort lockerte ich den Griff und ließ den Mann auf den Boden der Toilette fallen. Krachend schlug sein Körper auf dem Fliesenboden auf. Als er Anstalten machte, sich zu erheben, legte ich ihm meine Hand auf die Brust. Das schmerzverzerrte Gesicht des Mannes entspannte sich. Er atmete aus, als hätte er lange Zeit die Luft angehalten.

»Ich war's wirklich nicht«, sagte er und schaute mich dabei an. Die Augen wirkten jetzt viel kleiner, da er während des kurzen Handgemenges seine Brille verloren hatte. Noch ehe er sich besinnen konnte, legte ich ihm die Handschellen wieder an. Ich konnte sehen, dass seine Hose im Schritt durchnässt war.

»Aufstehen!« Sofort kam er meiner Aufforderung nach. Ich stieß ihn vor mir her aus der Toilette und bemerkte erst jetzt, dass auch ich am ganzen Körper zitterte. Auf der Treppe kam mir mein Kollege entgegen.

»Ich dachte schon, der Affe hat sich in der Toilette ersäuft«, flüsterte er mir zu, gerade so, dass es der Mann noch hören konnte. Ich überreichte ihm den Schlüssel für die Handschellen und machte mich auf den Weg zurück in mein Zimmer.

Hätte ich etwas sagen sollen? Welche Konsequenzen würde das nach sich ziehen? Wem wäre damit geholfen? Gleich nach der Vernehmung brächte man den Kerl zurück in seine Zelle, dort wäre er sicher. Die Zeit bis dahin würde er in Handschellen verbringen, es gab keine Probleme, es hatte nie welche gegeben. Was war schon weiter passiert?

An diesem Tag konnte ich noch nichts ahnen von den Träumen, die mich noch einige Jahre lang verfolgten. In denen ich zusammen mit dem Mann aus dem Fenster stürze und mich seine großen Augen anstarren. Kurz bevor wir aufschlagen, wache ich auf. Schon während ich träume wird mir klar, dass es nur ein Traum ist.

Ach ja, ehe ich es vergesse … Eine Woche später hat mir der Kollege mitgeteilt, dass sich dieser Mistkerl in seiner Zelle erhängt hat. An einem Gürtel. Wer weiß, woher dieser Gürtel stammte. Ich klopfte dem Kollegen auf die Schulter und teilte ihm mit, wie froh ich doch war, dass das Leben manchmal selbst Gerechtigkeit übe.

Als ich dem Kollegen auf die Schulter klopfte, war ich überrascht, dass er nicht in meine Laudatio einstimmte. Schweigend hörte ich ihm zu.

»Er war es wirklich nicht, die Mutter des Kindes war ein paar Tage später bei uns. Sie erzählte uns, dass sie es sich alles noch einmal überlegt hat und nun doch keine Anzeige erstatten will. Ich erklärte ihr, dass sie auf eine Anzeigenerstattung jetzt keinen Einfluss mehr habe. Sie heulte und gab zu, dass alles gelogen war. Sie wollte den Kerl einfach aus ihrer Wohnung haben. Und auf dem Wohnungsamt hat man ihr erst in zwei Jahren eine Wohnung in Aussicht gestellt, du weißt ja … Wohnungen sind knapp. Ja … und da hat sie kurzerhand die Geschichte von der Vergewaltigung der Kleinen erfunden, oder besser gesagt, ihr neuer Freund hat sie erfunden, sie hat sie uns nur erzählt … leider sehr überzeugend.«

Erschüttert lauschte ich seinen Worten, und in dieser Nacht träumte ich zum ersten Mal von dieser unglückseligen Begegnung.

Irgendwann einmal habe ich mich bei dem toten Mann entschuldigt. Ich kaufte eine Blume und warf sie kurzerhand aus dem Fenster, aus dem der Mann fast gesprungen wäre. Bescheuert oder nicht, es hat mir geholfen, seitdem gehen die Träume gut aus. Vielleicht heißt dies, dass er meine Entschuldigung angenommen hat.

Das Fest der Liebe

von Jasmin Brunner, Offenbach

Im Radio spielten sie »Stille Nacht, Heilige Nacht« als wir über die Haussprechanlage alarmiert wurden: »Explosion in einer Kirche während der Christmette«.

Wir versahen mit zehn Beamten/innen Verwendungsbereitschaft in der Bereitschaftspolizei. Es war mein erster Dienst an Weihnachten. Nach 19 Jahren das erste heilige Fest nicht im Kreise meiner Familie und Freunde.

Es war 23.00 Uhr. Spätestens jetzt waren wir alle hellwach.

Die erste Einweisung durch den Gruppenführer brachte nicht viel mehr Infos. Die Lage vor Ort wäre chaotisch und unsere Unterstützung dringend benötigt.

Jeder griff sich Jacke, Waffe und Einsatztasche. Fünf Minuten später saßen wir abmarschbereit auf den Fahrzeugen.

Ich kannte die Kirche und übernahm die Lotsung der Fahrzeuge. Die Fahrt ging nach Frankfurt-Sindlingen. Dort in der Nähe war ich aufgewachsen. Ich erinnerte mich, mit meinem Opa einmal in dieser Kirche gewesen zu sein.

Abgehackte und nur rauschend ankommende Funksprüche berichteten von Toten und Schwerverletzten.

Das blaue Licht flackerte durch die Straßen und spiegelte sich in den Schaufensterscheiben wider. In unserem Fahrzeug war es bis auf das Heulen der Martinshörner und die quietschenden Reifen still.

In Sindlingen angekommen, waren die Straßen durch die Lösch- und Einsatzfahrzeuge von Feuerwehr, Rettungsdienst und Polizei verstopft. Schläuche liefen kreuz und quer über den Asphalt.

Wir wurden abseits des Kirchengeländes zur Sperrung

der Zufahrtsstraßen und Ableitung der Fahrzeuge aus dem Einsatzraum eingeteilt.

Langes Hemd, Einsatzanzug und dünner Anorak machten mich zum Verlierer im Kampf gegen die Kälte. Zuwenig für 15 Grad minus.

Wir leiteten die Fahrzeuge aus dem Einsatzbereich ab. Anwohner brachten gegen Mitternacht wärmenden Tee.

Ein Bus der Berufsfeuerwehr Frankfurt stand in der Nähe. Er hatte die vielen Überlebenden der Kirche vor der Kälte in Schutz genommen. Sie wurden durch die Rettungskräfte und durch Psychologen betreut. Ich glaubte, auch einen Geistlichen unter den helfenden Menschen erkannt zu haben. Ob es vielleicht der Pfarrer der Kirche war?

Kurze Zeit später wurden wir direkt zum Tatort beordert. Die Verletzten waren bereits erstversorgt und in die umliegenden Krankenhäuser abtransportiert worden. Drei oder vier Tote waren unterwegs ins Gerichtsmedizinische Institut, so hieß es.

Ich war mit einem Kollegen für die Haupteingangstür der Kirche eingeteilt. Die Straßenbeleuchtung schaffte es nicht, den ganzen Vorplatz auszuleuchten. Auf dem Pflaster vor mir lag eine zerrissene dunkelfarbige Kinderjacke mit Kapuze, ein rot-weiß gefleckter Schal ganz in der Nähe. Rundherum verstreut Einweghandschuhe, Cellophan- und Plastikverpackung von Mullbinden, Kompressen und Kanülen. Dazwischen überall große Flächen von rotem Wachs. Warum sollte jemand dort rotes Wachs verschütten? Waren die Kerzen der Christmette nicht weiß? An rotes Wachs zu glauben wirkte irgendwie beruhigender, als der Ahnung die Oberhand zu überlassen: gefrorenes Blut.

Dieser Szenerie im Vorhof versuchte ich zu entfliehen, indem ich meinen Blick, einem Wächter am Eingang der Ritterburg gleich, stur geradeaus richtete.

Wortfetzen um Wortfetzen schwappte zu uns rüber. Eine Frau hat sich während der Messe mit zwei Handgranaten in die Luft gesprengt. Wir bewachten die Pforte zur Hölle.

Unser Gruppenführer teilte mit, dass die Kripo bald mit der Spurensuche und -sicherung in der Kirche beginnen würde. Außerdem hätten Pressevertreter die Erlaubnis bekommen, Bildaufnahmen im Inneren der Kirche machen zu dürfen. Unglauben spiegelte sich in unseren gefrorenen Gesichtszügen wider. Wir taten wie uns geheißen und geleiteten eine Gruppe von Pressevertretern nach der anderen in die Kirche.

Ein kleiner Bereich war mit rot-weißem Plastikband abgegrenzt. Dort war die Spurensicherung bereits abgeschlossen. Nur dieser Bereich durfte betreten werden.

In der Kirche war es warm. Trotzdem erschauderte ich. Der Geruch von Weihrauch wurde von Pulverschmauch überdeckt.

Ich wollte meinen Augen nicht trauen. Am liebsten hätte ich mich umgedreht und wäre, von mir aus auch ohne Kleidung, wieder nach draußen in die Kälte gerannt. Diese Freiheit war mir nicht vergönnt.

Warum zündet ein Mensch in einer Kirche an Heiligabend Splitterhandgranaten und reißt unschuldige Menschen mit in den Tod? Ich fand keine Antwort, sondern sah nur die Folgen. Sah die Auswirkungen dieser Gewalt, die stabile Holzkirchenbänke in der Mitte auseinander riss und die Menschen daneben ebenfalls.

Dort stand ich jetzt. Genau dort, wo der Tod einen Krater am Boden zurückgelassen hatte. Bodenfliesen abgeplatzt, eine Puppe, ein Frauenschuh. Links davon eine hellblaue Kinderdaunenjacke. Die Federn waren auf dem Boden zerstreut, als ob Schneeflocken den Weg durchs Kirchendach gefunden hätten. Weiße Weihnacht. Diese Flocken waren rot gefärbt.

Erstaunt beobachtete ich, zu welchen Gefühlen ich fähig war: Wut kochte in mir hoch, als einige Fotografen ihre Kameraobjektive fast direkt in die herumliegenden Fleischfetzen, Innereien und Gedärme steckten. Dastehen und zusehen zu müssen, nichts tun zu dürfen, um diesen Frevel abzuwehren. Ich beherrschte mich und versuchte so wenig wie möglich in den Kirchenraum zu schauen. Achtete darauf, dass keiner der Pressevertreter die Absperrung überstieg oder Gegenstände mitnahm.

Die Gesichter wechselten, die Bilder des Grauens blieben. Es wurden Filmaufnahmen gemacht, Fotos geschossen, ruhig in Diktiergeräte gesprochen oder Notizen auf den Stenoblock geschrieben. Endlich begleitete ich die letzten Medienvertreter nach draußen. Viele schienen nach Besichtigung des Innenraumes nicht mehr so glücklich über ihren Job zu sein. Wenigstens hatten wir so etwas gemeinsam.

Erleichtert übernahm ich draußen wieder den Wachposten an der Tür. Meine Blicke trafen in der Ferne auf Menschen, die sich vor der Absperrung versammelt hatten. Ich hielt sie für Gaffer. Doch Entsetzen spiegelte sich in ihren Gesichtern wider. Einige beteten. Warum zu einem Gott beten, der so etwas in seinem Hause zulässt?

Nach und nach rückten Feuerwehr und Rettungsdienste ab. Die Medienvertreter machten letzte Fotos und Interviews von den Menschen vor der Absperrung. Dann waren wir alleine.

Wir teilten uns in zwei Gruppen auf, welche gleichermaßen darauf bedacht waren in die Kirche rein und wieder raus zu kommen. Rein, um sich aufzuwärmen, raus, um dem Schrecken zu entfliehen.

Die Kollegen der Spurensicherung staksten durch die Kulisse, mühsam bedacht, nirgends drauf zutreten. Ich beneidete die Kollegen nicht, konnte ich doch die Augen abwenden oder nach draußen in die Kälte gehen.

Nachdem die Geschehnisse in der Kirche rekonstruiert, fotografiert und die wichtigsten Spuren gesichert waren, mussten wir die Kirche verlassen. Die Eingangstür wurde versiegelt. Wir bewachten den Rest der Nacht die Kirche. Die weitere Tatortarbeit sollte bei Tageslicht fortgesetzt werden.

Mit den ersten Sonnenstrahlen kamen Menschen und legten vor dem Tor des Kirchengeländes Blumen ab, zündeten Kerzen an. Wir stellten uns wieder an die Kirchentür. Es kam mir wie eine Totenwache vor, wir zeigten den Trauernden unsere Anteilnahme.

Gegen elf Uhr kam unsere Ablösung. Warm angezogen, sie wussten, was auf sie zukam. Kann man sich auf so etwas vorbereiten? Gegen die Kälte vielleicht …

Auf dem Rückweg wurde kaum gesprochen. Die Blicke verloren sich in der Ferne, als wolle jeder über die Bilder der letzten Stunden hinwegsehen, sie in weit entfernte Schubladen auf Nimmerwiedersehen einsortieren.

Auf der Dienststelle blieb ich mit ein paar Kollegen beisammen sitzen. Mir war immer noch kalt. Am späten Nachmittag fuhr ich zu meinen Eltern, um Weihnachten im vertrauten Kreis zu verbringen.

Die Heizung meines Autos konnte meine innere Kälte nicht vertreiben. Ich sehnte mich nach meiner Familie, nahm mir aber vor, ihnen nichts von dem Einsatz zu erzählen.

Meine Mutter umarmte ich länger als gewöhnlich. Mir wurde wärmer. Wir zündeten die Kerzen am Christbaum an. Mein Großvater war auch da. Bei »Stille Nacht, Heilige Nacht« konnte ich nicht mitsingen.

Seit diesem Tag gehe ich nicht mehr in die Kirche.

Die Berichte der Presse über das Ereignis interessierten mich nur am Rande. Ich erfuhr, dass die psychisch kranke Täterin 49 Jahre war, zwei Kirchenbesucherinnen getötet und 13 zum Teil schwer verletzt wurden. Ob der Selbstmord ihres 18-jährigen Sohnes vor einigen Jahren in Sindlingen Anlass für ihre Tat war, nahm sie mit in den Tod.

Der Falschgelddepp

von Volker Uhl, Ludwigsburg

Die falschen Fünfziger stapelten sich bereits auf meinem Schreibtisch – alle mit derselben Notennummer. Musste wohl wieder mal ein PC mit Tintenstrahldrucker den Geldsegen bringen.

Bei Mc Donald's wurde die Fälschung gleich erkannt, allerdings stolperte der Filialleiter bei der Verfolgung des »etwa 18-jährigen Dicken« und des »älteren Pärchens«. Zehn Minuten später war ein weiterer Schein bei der Volkshilfe gewechselt worden. Gleiche Personenbeschreibung, wie mittags beim King-Kebap am Bahnhof.

Der Pizza-Blitz, bei Selbstabholung 20% Rabatt und zwischen 11.30 Uhr und 14.00 Uhr ein Getränk gratis, machte die Spur heißer: Der Fahrer Anwar Singh konnte 15 Adressen benennen, bei denen er den Fünfziger erhalten haben müsste.

»An der Stadtmauer« stand auf der Kopie des Fahrauftragbuches, die der Taxifahrer zusammen mit einem falschen Fuffi am Folgetag vorlegte, als er ungefragt bei uns auftauchte. Gleiche Nummer, gleiche Adresse. Das ist doch mal was.

Es war niemand zu Hause bei der angegebenen Adresse.

»Hendrik wird gleich kommen. Er kommt immer so um fünf«, meinte die Vermieterin seines Kellerverschlags. War früher bestimmt das Kohlenlager, ehe auf Gastherme umgestellt wurde. Wenige Minuten später schleppte der 18-jährige Hendrik seine 130 Kilo Lebendgewicht um die Ecke. Wir passten ihn an der Haustür ab.

Leere Bier- und Wodkaflaschen standen auf dem Tisch, Pizzaschachteln auf dem Boden, daneben Socken und Minislips Größe XXXXL. Ein PC war nicht da.

»Wer hat die Pizzas bezahlt?«

»Ich war es nicht, es war mein Onkel.«

»Wer war sonst noch da?«

»Niemand.«

»Ihr seid doch zu dritt mit dem Taxi weggefahren!«

»Ja, mein Großcousin war auch noch dabei. Vor dem hab ich Angst. Der kam erst letzte Woche aus dem Knast. Ich hab aber nichts damit zu tun.«

»Wo finden wir Onkel und Großcousin?«

»Meist bei den Obdachlosen am Bahnhof oder vor dem Lidl in der Zeppelinstraße. Sagen Sie aber bloß nicht, dass Sie das von mir wissen. Der schlägt mich tot.«

»Wieso sollte er Sie totschlagen, wenn Sie nichts gemacht haben?«

Ohne eine Antwort abzuwarten, aber mit zwei Namen und zwei Anlaufstellen verließen wir die Kellerwohnung.

Wir trafen niemand mehr am Bahnhof und bei Lidl an. Onkel und Großcousin mussten bis zum Mittag warten.

Am Vormittag hatte ich bereits einen Termin beim Syndikus einer großen Bank. Harald begleitete mich, als wir vor dem zehnstöckigen Gebäude mit der Glasfassade vorfuhren. Wahrscheinlich sollte durch diese Transparenz dem Kunden die Sicherheit vermittelt werden, er habe den Durchblick, was mit seinem angelegten Geld geschehe.

Die Glasschiebetür glitt lautlos auf, als wir uns näherten. In der Empfangshalle warteten zwei Herren im dunklen Anzug und eine Dame im grauen Kostüm auf uns. Es hätten nur noch Peanuts auf dem Tresen gefehlt. Wir hatten extra unsere Sakkos aus dem Schrank geholt.

»Zu Doktor Greisel bitte. Wir haben einen Termin.«

Ein kurzer Telefonanruf, und nach wenigen Minuten schwebte der gläserne Aufzug ins Foyer. Eine Frau im hellblauen Hosenanzug begleitete uns in das oberste Stockwerk. Der Teppichboden dämpfte unsere Schritte, die Aquarelle und Ölgemälde sahen teuer aus und waren vor allem schön bunt.

Im Besprechungsraum standen Flaschen mit Orangen-, Apfel-, Multivitaminsaft und Wasser auf dem Tisch in Wurzelholzoptik. Die Wasserflaschen hatten von einem Designer einen eleganten Schwung erhalten. Auf dem Etikett verdienten sie sich dafür den roten Schriftzug »Gourmet«.

Martin Fleischmann, einer ihrer erfolgreichsten Vermögensberater aus dem weiten Filialnetz, war bereits vor einigen Wochen »im beiderseitigen Einvernehmen«, so sein Arbeitszeugnis, aus dem Unternehmen geschieden.

500 000 Euro, so die schriftliche Anzeige von Doktor Greisel, die gleich neben den gefälschten Fuffis auf meinem Schreibtisch lag, hatte Fleischmann unterschlagen. Seine Masche sollte ihn in den Bereich »perfektes Verbrechen« katapultieren, so Fleischmanns Kommentar gegenüber dem Personalchef nach Entdeckung der Taten. Ein Traum, der immer wieder gern geträumt wird.

Nun, er wusste genau, welche seiner vermögenden Kunden jenseits der 70 keinen Überblick mehr über ihr Vermögen hatten. Dort hatte er angesetzt. Er bot neue, »äußerst gewinnbringende« Anlageformen und -änderungen an. Die Kunden stimmten zu und unterschrieben unbesehen die vorgelegten Formulare, unter anderem auch einen Auszahlungsbeleg. Fleischmann setzte dann meist einen fünfstelligen Betrag ein, ging zur Kasse und ließ sich das Geld in einen Kuvert stecken. Die Kassiererin konnte sehen, dass der Kunde noch in Fleischmanns Büro saß. Nicht sehen konnte sie, dass er dem Rentner nur die gewünschten paar Hundert Euro gab, während er den Rest in seinem Schließfach im Aufenthaltsraum der Filiale verstaute. Dies ging schon jahrelang so. Drei der Geschädigten waren bereits tot.

Doch dann meldete sich plötzlich der Anwalt des 89-jährigen Fritz Häussele und forderte Aufklärung über den Verbleib seiner 150 000 Euro. Pech war, dass der pfiffige

Fleischmann gerade im Tauchurlaub in Thailand war und der Brief vom Filialleiter geöffnet wurde.

Ich genehmigte mir ein Gourmet-Wasser, während Doktor Greisel weitere Details berichtete.

Fleischmann war in die Zentrale bestellt worden. Nach anfänglichem Leugnen hatte er dem Personalchef 200 000 Euro in bar übergeben. Weitere 100 000 Euro konnten durch Einfrieren von Fleischmanns Konten in der Bank gesichert werden. 200 000 fehlten. Angeblich verbraucht und verlebt.

Die nächsten Ermittlungsschritte waren besprochen. Harald packte Fleischmanns Personalakte mit den vielen Auszeichnungen und Sonderprämien unter den Arm. Wir ließen Doktor Greisel, den Leiter der Rechtsabteilung und dessen Mitarbeiterin, Saft und Gourmetwasser zurück. Durch die Galerie ging's zum Aufzug.

Zurück auf der Dienststelle kam das Sakko in den Schrank und dann hieß es schnell die Lederjacke überziehen. Auf meinem Schreibtisch lag ein Fax über einen Einsatz der Streife des Polizeireviers von vergangener Nacht. Der gesuchte Großcousin und der Onkel waren in der Wohnung von Hendriks Vater aufgetaucht und hatten diesen zusammengeschlagen. Alle waren beim Eintreffen der Streifen betrunken. Ebenso Maria, die Gefährtin des Onkels. Eine halbe Stunde nach der Schlägerei war Hendrik beim Revier aufgetaucht. Er teilte mit, dass diese Schlägerei im Zusammenhang mit der Falschgeldsache stehen würde. Die würden ihn suchen. Er hatte Angst. Hendrik war dann zu seiner Oma gebracht worden.

Mein Kollege Fred fuhr sofort zu Hendriks Oma. Dieser legte gleich ein Geständnis ab, erzählte, dass er von Großcousin und Onkel gezwungen worden wäre, das Falschgeld herzustellen. Er hatte sich einen Scanner mit Drucker in einem Laden auf Pump gekauft. Der letzte Fuffi wurde eingescannt. Mit zwölf falschen Fünfzigern wären sie drei

Tage lang losgezogen. Hätten das Geld versoffen, um die Entlassung des Großcousins aus dem Knast zu feiern.

Großcousin, Onkel und dessen Lebensgefährtin Maria konnten wir in der Wohnung des Onkels festnehmen. Dem Onkel mussten wir ein Bier gegen seine Entzugserscheinungen geben.

Alle drei wurden am selben Tag dem Richter vorgeführt. Sie kamen in Untersuchungshaft. Hendriks Vater, der im Nachbarhaus wohnte, lag da noch verletzt im Krankenhaus.

Fleischmann staunte nicht schlecht, als wir wenige Tage später mit einem Durchsuchungsbeschluss an seiner Tür klopften. Die neue Freundin im Bett schickte er spazieren, während wir an die Durchsuchung gingen. Dauerte zwei Stockwerke lang.

Er lebe von Arbeitslosengeld, meinte er. Den PC im Büro oben habe er erst neu gekauft, damit er Bewerbungen schreiben könne. Das fehlende Geld konnten wir in der Wohnung nicht finden. Er wollte alles ausgegeben haben.

Hendriks Vater suchte ich am Folgetag gegen elf auf. Er wohnte im vierten Stock des Sozialblocks, ganz oben, ohne Aufzug. Vorsichtig schaute er nach unserem Klingeln aus dem Fenster.

»Ja, was gibt's?«

»Polizei, machen Sie auf. Wir kommen wegen der Schlägerei.«

Küche, Flur, Wohnzimmer und irgendwo eine Schlafstatt. Die Belobigungen, Preise und Sonderzahlungen aus Fleischmanns Personalakte hätten als dringend erforderliche neue Tapete ausgereicht.

Er setzt sich auf das Sofa. Schien sein Stammplatz zu sein, genau gegenüber vom Fernsehgerät. Ich setze mich in den Sessel aus dem gleichen Stoff; zerschlissen und fleckig.

»Ich steh lieber,« meint Harald, als er ihm den anderen Sessel anbietet.

Im Aschenbecher glimmt eine Selbstgedrehte, der blaue Tabakbeutel liegt neben dem grünen Einwegfeuerzeug. Er reißt den Verschluss des Tetrapaks auf. Lichtgeschützt ein Liter Rotwein.

»Wieso kam es zum Streit? Hatte es was mit Falschgeld zu tun?«

»Ich hatte Angst um mein Leben. Da war nichts mit Falschgeld. Wir haben den ganzen Abend gesoffen, und als der Bierkasten leer war und der andre blöd wurde, wollte ich se rausschmeißen. Er hat mir mit der Faust eine in die Fresse gehauen. Der schrie, dass er mich zum Fenster rausschmeißt.«

Er greift nach links zu einem Beistelltischchen aus der Zeit, als der Wein in Flaschen gefüllt und in Holzkisten ausgeliefert wurde. Zwei Kisten hatte er behalten, nutzt sie jetzt als Regal. Er zieht ein Küchenmesser unter einer vergilbten Zeitung hervor. Der schwarze Plastikgriff ist mit rotem Klebeband umwickelt.

»Wenn der wieder kommt«, er hebt das Messer, bereit zum Stoß, »den stech ich ab. Bevor der mich aus dem Fenster schmeißt. Den stech ich ab. Das ist dann Notwehr, oder?«

»Haben Sie heute schon viel getrunken?«

»Gar nichts, das ist meine erste Packung. Hab ich gerade aufgemacht. Wollen Sie auch einen Schluck?« Er schiebt mir die Pappschachtel mit dem Rotwein rüber, ich lehne dankend ab. Er lacht und sein Mund zeigt nur noch wenige Zahnstummel. Die blauen Flecken im Gesicht und sein Veilchen sind Zeugen der vergangenen Schlägerei. Dünn, schwächlich, ausgemergelt. Ich taxiere ihn auf höchstens 65 Kilo. Er setzt die Pappe an und nimmt einen kräftigen Schluck. Die Rotweinreste wischt er mit dem Handrücken vom geschwollenen Mund. Die Hand reibt er am Sofabezug trocken.

»Von was leben Sie?«

»Hartz vier.«

»Reicht das, bei der Trinkerei?«

»Es geht so, ich esse nicht viel. Nur die Qualmerei geht ins Geld.«

Ich frage nach seinen Personalien. Er ist so alt wie ich. 44.

Frage nach seinem Familienstand.

»Geschieden, meine Frau ging mit meinem Vater durch.«

»Wie bitte?«

»Ja, da brauchen Sie nicht so dumm glotzen. So war das. Meine Frau, die Mutter von Hendrik, ist mit meinem Vater durchgebrannt. Da ging's dann mit der Sauferei voll bergab.«

»Ihr eigener Vater, dann ist ja ...« Er fiel mir ins Wort.

»Ich hab alles durchgerechnet. Meine Frau wurde meine Stiefmutter und Hendriks Mutter war plötzlich die Stiefoma. Zwischen Hendrik und seinem Opa, der dann sein Stiefvater war, klappte es nicht so. Hendrik wuchs bei meiner Mutter, seiner richtigen Oma auf.«

»Wann war das?«

»Oh Gott, Sie fragen Sachen. Hendrik war in der ersten oder zweiten Klasse. Oder doch schon in der dritten? Keine Ahnung.«

Er nimmt wieder einen kräftigen Schluck Rotwein.

Ich fertige ein kurzes Protokoll über die Schlägerei. Er will keinen Strafantrag stellen.

»Ich bin froh, dass der im Knast ist. Ich lass mir nichts mehr gefallen. Den stech ich ab, wenn der mir noch einmal dumm kommt.«

In seiner übergroßen Jogginghose und dem löchrigen karierten Hemd lassen wir ihn in der Tür zurück. Sein Händedruck passt zur schwächlichen Statur. Woher sollte er die Kraft auch nehmen.

Fleischmann saß neben seinem Staranwalt – mit der Lizenz zum Freispruch – im offenen Sportflitzer, der rote Schal wehte im Fahrtwind, dunkler Anzug, weißes Hemd und

Krawatte. Beide entschlossen zur Rettung der Welt, seiner Welt, die Freiheit hieß.

»Mein Mandant will ein umfängliches Geständnis ablegen.« Fleischmann erzählt, wie er die Opfer auswählte: »Die waren alle alt, hatten viel Geld und blickten nicht mehr durch. Die vertrauten mir. Ich kümmerte mich auch um sie. Als der Huber nicht mehr laufen konnte, habe ich ihm sogar sein Geld ins Altersheim gebracht.«

»Und auf dem Rückweg gleich einen neuen Auszahlungsbeleg mit seiner Unterschrift mitgenommen!«

»Das stimmt nicht.«

»Lassen wir das, Huber können wir nicht mehr fragen. Er starb letzten Monat.«

Wir gingen die Namen der betrogenen Kunden durch. Er erzählte detailliert, wie er vorgegangen war. Wir kamen zu Gregovic, einem jugoslawischen Bauarbeiter, der nach 35 Jahren im letzten Jahr in seine Heimat zurückging. Von dessen 150 000 Euro überwies er ihm nur 65 000.

»Gregovic baute nach dem Tod seiner Frau total ab. Er wurde immer ungepflegter und kam oft verwirrt in unsere Filiale. Als er mir sagte, dass er in seine Heimat zurückgeht, habe ich sein ganzes Geld abgehoben. Ich sagte ihm, dass ich das Geld überweisen werde. Wäre sicherer.«

»Hatten Sie keine Sorge, dass er merkt, dass es viel zu wenig ist?«

»Ach was, der blickte doch nicht mehr durch. Und wenn er Schwierigkeiten gemacht hätte, dann hätte ich das Geld ja in meinem Spind gehabt.«

Befragt nach dem Motiv, erklärte er was von Zukunftsängsten und der Sicherheit, die Geld ihm gäbe. Vielleicht hätte er mal diese Sicherheit des Geldes austesten sollen. Mit 500 000 Euro unterm Arm nachts durch den Stadtpark laufen, oder bei Hendriks Verwandtschaft im Taxi Platz nehmen sollen.

Fleischmann war froh, wieder einen Job als Vermögensberater bei einer Bank gefunden zu haben.

Geld wollte er nicht zurückbehalten haben. Als ich ihm vorrechnete, dass noch 200 000 fehlen würden, meinte er, dass er es verlebt hätte. Soviel zum Thema Zukunftssicherung.

Der Zwischenbericht ging an die Staatsanwaltschaft. Ein Haftbefehl wurde angeregt.

Hendrik hatte zwischenzeitlich der »Bild«-Zeitung seine Story preisgegeben. Es reichte zur Schlagzeile »Der Falschgelddepp« und einem Honorar von 200 Euro. Er war mal wieder vorbeigekommen, als er Angst vor der Verwandtschaft des Großcousins hatte. Erzählte mir, dass er bei seinem Lieblingsradiosender seine Story umsonst mitgeteilt hatte. Er wollte »reinen Tisch« machen. Gerne wolle er Moderator werden. Vielleicht klappt es dort. »Ich hätte eine gute Stimme, meinten die.«

Fleischmann kam mit seinem Anwalt zum Festnahmetermin. Wir führten ihn beim Gericht vor. Seinen Rucksack hatte er mit Zahnbürste, Unterwäsche und Socken gepackt. Die Richterin bat uns ins Zimmer. Harald und ich postierten uns an der Tür. Der Haftbefehl wurde eröffnet. Fleischmann wollte Angaben machen.

Er erzählte der Richterin, dass er mittlerweile bei einer Psychologin war. Er wollte die Taten ja gar nicht begehen. Er hätte es doch nicht nötig gehabt. Er hatte doch ein Jahreseinkommen von über 50 000 Euro. Es könnte was damit zu tun haben, dass er als Kind schon immer seiner Mutter Geld stahl, damit er seinen Freunden mit einem Eis imponieren konnte. Ja, er habe Sorge, dass er seinen neuen Job verliere, dann könne er von dem Schaden auch nichts mehr zurückzahlen. Bei der neuen Bank habe er jetzt auch einen Kollegen an seiner Seite. Der würde schon auf ihn aufpassen.

»Ich hoffe, dass mir das nicht mehr passiert«, schloss er seine richterliche Vernehmung ab. Klang, als ob er höheren Mächten ausgeliefert wäre.

Harald und ich verließen kopfschüttelnd, Fleischmann als freier Mann das Gerichtsgebäude.

»Der arme Kerl«, sagte ich zu Harald.

»Ja, das Leben ist wieder mal nicht fair«, meinte Harald.

Auf dem breiten Gehweg parkte der Zweisitzer des Anwaltes. Das Verdeck runtergeklappt.

Wir warfen unsere Sakkos auf den Rücksitz des Dienstwagens und fuhren zur Dienststelle. Auf dem Schreibtisch wartete bereits der nächste Fall.

Der Großcousin wurde aufgrund seiner Vorstrafen zu einem Jahr und neun Monaten ohne Bewährung verurteilt.

Der Onkel saß einige Monate in Untersuchungshaft und wurde zu einem Jahr und acht Monaten auf Bewährung verurteilt. Seine Partnerin Maria wurde nach zwei Monaten U-Haft freigelassen. Acht Monate auf Bewährung lautete das Urteil.

Einige Monate später wurde der mittlerweile allein lebende Onkel tot in seiner Wohnung gefunden.

Hendrik bekam einen Ein-Euro-Job im Krankenhaus und wurde später vom Jugendgericht zu einer Freiheitsstrafe von einem Jahr auf Bewährung verurteilt.

Fleischmann wurde zu einer Freiheitsstrafe von zwei Jahren auf Bewährung verurteilt. Gregovic und die meisten Opfer von Fleischmann waren bei der Urteilsverkündung bereits gestorben. Fast hätte es geklappt – das perfekte Verbrechen; der Traum vom schnellen Geld.

Katharina

von Katrin Löffler, Stuttgart

Es fiel mir quasi in die Hände, ein schlechtes Foto, Polaroid. Der Fotograf erwischte das halbe Kinn und endete am leicht geöffneten Hosenbund. Die Haut war ganz weiß, leicht dicklich; eine Hand, die einen Pullover hochhält; vom Kopf, der verschämt zur Seite gedreht ist, sieht man nur das Kinn. Wie peinlich, scheint das Bild zu sagen. Wer guckt mich hier alles an?

Der Schreck, der Kontrast: Die rechte Brust, wohlgeformt, ist schwarz mit leichten, kleinen Beulen und Dellen, die bläulich schimmern. Mein Blick ist wie gefangen genommen.

Ein ganz normaler Arbeitstag, mein Dezernatsleiter hatte mir einen Fall zugeteilt. Mit leichtem Augenzwinkern hat er mir ein Bündel an Briefen mit einem Anschreiben des Staatsanwaltes gegeben: »Sie ist eine Frau mit Doppelnamen, also ein Fall für dich.« Ich kann mit seiner etwas seltsamen Art von Humor umgehen.

Um Fälle, in denen Frauen Opfer wurden, kümmere ich mich sehr gerne. Eine Mutter hat geschrieben. Sie dürfe ihre erwachsene Tochter nicht mehr sehen, weil sonst angeblich bei ihrem Kind keine Genesung eintreten könne, und bittet nun die Polizei darum, einzugreifen, so beginnen die Briefe. Alle sind zwei bis fünf Seiten lang und enthalten, neben familiären Details, das Eingeständnis, dass sie, die Mutter, an psychischen Störungen leide. Sie sei jedoch in sehr guter Behandlung in Reutlingen. Sie habe große Angst um ihre Tochter, die verheiratet ist, und deren Ehemann sähe den Ernst der Lage einfach nicht. Deshalb ihr Hilferuf.

Die letzten Briefe werden in ihrer Ausdrucksweise heftiger, die Tochter habe sich gewandelt, möchte mit der Polizei sprechen und habe sogar eine Entbindung von der Schweigepflicht unterschrieben.

Die Mutter bittet, zunächst mit ihr Kontakt aufzunehmen. Das Ganze müsse äußerst sensibel und vorsichtig behandelt werden, und sie könne der Polizei wertvolle Verhaltenshinweise geben.

Da liegt das Foto, ich kann es immer noch nicht glauben. So kann sie leben? Sie muss doch Schmerzen haben! Meine eigene Hand umschließt unwillkürlich meine eigene Brust, sie will schützen – mein Kollege bemerkt die Bewegung. Verschämt fällt meine Hand nach unten, und ich halte den Blick gesenkt.

Sie hat fast den gleichen Namen wie ich. Sie ist etwas älter. Sie ist Kinder-Psychologin. Sie hat einen Mann und eine Brust mit Krebs.

Die Mutter ist für mich zunächst nichts als eine weiche, erleichterte Stimme am Telefon, der scheinbar ein Stein vom Herzen fällt, dass eine Polizistin ihrer Tochter helfen wird, »Nicht wahr, das werden Sie?« Der Arzt müsse hinter Schloss und Riegel; der Ehemann, ein fürchterlicher Mensch, ein gefühlloses Monster, habe ihre zarte, feine Tochter nicht beschützt, sie nicht vor diesem Arzt beschützt, und dass wäre doch seine Aufgabe gewesen, »Nicht wahr, Sie werden jetzt auch mit ihm, mit dem Ehemann, reden?«

Das Gespräch ist lang. Sie erzählt viel von sich selbst, mit dieser weichen Stimme, die keinen Widerspruch duldet. Ihr Mann sei tot, schon eine Weile. Ich bekomme die Ehe geschildert, Schluchzen, Tränen am Telefon. Eine einsame Mutter, deren Lebensinhalt die Tochter geworden ist. Sie kann doch nicht einfach ohne ihre Mutter sein und den Kontakt abbrechen. Jemand müsse sich doch um sie kümmern. Sie seien sich doch so ähnlich und sie allein wisse, was gut für ihre Tochter sei. Nur mit Mühe beende ich das Gespräch. Ihr »Nicht wahr, Sie kümmern sich und ich darf Sie wieder anrufen?« hallt mir noch lange an diesem Tag in den Ohren.

Die Mutter meldet sich täglich, manchmal zwei Mal, ich

lasse mich nicht auf ihre Seite ziehen, was sie bemerkt und kritisiert. Die weiche Stimme bleibt, sie merkt und lernt, dass ich ihr weder durch Tränen noch durch Geschichten, aus ihrer Sicht erzählt, einfach so zustimme. Ruhig, immer wieder, sage ich »Ja, ich werde mir ein Bild machen, ja ich werde alles tun, was rechtlich möglich ist. Ob es zu einer Verurteilung kommt, weiß ich nicht. Nein, ich werde alleine mit Ihrer Tochter reden und auch alleine mit Ihrem Ehemann«, gebetsmühlenartig, immer wieder. Sie bedankt sich überschwänglich, auch immer wieder.

Ein Haus, ein Flur, eine Praxis »Kinderpsychologin – zurzeit geschlossen«, eine Tür, die sich öffnet. Katharina. Das Gesicht zum Polaroid.

Vorsichtiges Abtasten, wie es nur Frauen in dieser Weise beherrschen. Sie ist bemüht burschikos und stößt kurze Lacher aus. Sie ist nervös. Umso ruhiger werde ich, versuche, diese Ruhe auf sie zu übertragen. Nachdem ich dem Ehemann vorgestellt wurde – ein bodenständiger Mann, liebenswert einfach, liebenswert egoistisch, Typ »Teddybär« – legt sich die Unruhe in ihr. Mir scheint, eine Hürde ist genommen. Unser erstes Gespräch findet im Kinderzimmer statt. Ich erkläre ihr, wie wir zusammen die Vernehmungen, Tonbandvernehmungen, machen werden, was rechtlich möglich ist und was schwer zu beweisen, was eine Kausalkette ist. Denn ohne Kausalkette keine Verurteilung, dazu Beweismittel, Durchsuchungen, Vernehmung der Ärzte – das ganze Prozedere. Katharina ist neugierig, offen für diesen für sie neuen Bereich, Rechtsbereich.

In ihr selbst jedoch herrscht Chaos, in Bezug auf ihren Mann, auf ihre Mutter, auf ihre Situation. Freundlichkeit wechselt in ihr mit Härte, Sensibilität mit Kälte, der Schmerz über ihr Leben dringt ihr aus jeder Pore. Sie hat einem Arzt vertraut, der ihr sagte, sie werde gesund. Chemotherapie sei nicht alles, er würde ihr zeigen, was sonst noch geht und sie solle ihm vertrauen. Ihre Brust wurde eingecremt, ihre Psyche auf die Mutter als Auslöser der Tumorerkrankung fixiert, denn Brustkrebs sei in den meisten Fällen das Ergebnis einer gestörten Mutter-Tochter-Beziehung, sie solle den Kontakt abbrechen, ganz und total, und täglich meditieren.

Katharina leidet unglaubliche Qualen; während die Krebszellen ihre Brust immer mehr durchdringen, nimmt ihr Ekel vor sich selbst unaufhaltsam zu. Dann wird das Gewebe schwarz. Sie nimmt alle erdenkliche Schmerzmittel, die man ohne Rezept in der Apotheke bekommen kann. Versucht, den Anweisungen des Arztes zu folgen. Er ist streng und fordert strikte Einhaltung seiner Methode.

Eines Nachts geht es nicht mehr, Krankenhaus, Notoperation am nächsten Morgen, völliges Unverständnis bei den Ärzten, aber das hatte ihr heiliger Arzt in seiner perfiden Art schon vorher angekündigt: »Die werden Sie nicht verstehen, die herkömmliche Mediziner, weil sie die Psyche völlig außen vor lassen bei Krebspatienten.«

Inzwischen ist sie weg, diese Brust, und was ist ihr geblieben? Was?

Trauer, Schmerz über das was geschehen ist. Katharina muss eine Chemotherapie machen, ist jetzt überzeugt, dass dies der einzige Weg ist und stürzt sich hinein, liest Bücher, will gesund werden. Grotesk die Vernehmungen über Wochen im Wohnzimmer: Ich trage einen weißen Spurensicherungsanzug, Mundschutz, darf sie nicht berühren. Sie ohne Haare, bleich, die Knochen scheinen durch das Gesicht zu wollen, müde, sehr müde und wir lachen wie zwei Schwestern über diese Situation. Grotesk, so nah sind wir uns nie mehr danach. Sie nimmt meine Hand und die Erschöpfung lässt sie nachgeben, loslassen, »Danke, für die Gespräche, Sie haben mir geholfen, Ordnung zu machen. Wenn ich wieder gesund werde, gehe ich aus Stuttgart weg, ins Grüne, mein Traum. Ich wollte immer mal ins Grüne und die Natur genießen.«

Meine Antwort ist klar: »Gehen Sie jetzt dorthin, auch wenn Sie nicht gesund werden. Es ist Zeit für Sie, an Ihre eigenen Wünsche zu denken und sie auszuprobieren, alles. Es ist nichts verboten.« Der Krebs hat sie aufgerüttelt, keine Abhängigkeiten mehr, keine Erwartungshaltungen mehr erfüllen, nur noch die eigene Verantwortung für sich selbst. »Darf ich so egoistisch sein?« Ja, unbedingt.

Helle Aufregung am Telefon, die Mutter ist entsetzt. Katharina hat versucht, den Heiler anzurufen, auf den sich ihr Arzt, der Scharlatan mit seiner Creme, immer bezogen hat. Kramer, Südamerika, versteckt hat er sich. Katharina möchte zu ihm fliegen und gesund werden, Kramer könne sie gesund machen. »Nicht wahr, Sie gehen zu ihr und reden mit ihr?« Die Stimme der Mutter ist der Verzweiflung nahe. Kramer, der Eltern geraten hatte, ihre Kinder nicht behandeln zu lassen, eine Flucht quer durch Europa, *dieser* Kramer? Ja, genau der!

Katharina ist verstockt an diesem Tag. Sie hat Angst, die Ärzte haben ihr gesagt, dass ihre Chancen schlecht stehen. Er, Kramer, sagt, er könne helfen. Sie hat ihn sogar am Telefon gehabt, kurz nur, nein, sie könne nicht zu ihm kommen, hat er gesagt. Fassungslosigkeit mischt sich in ihr mit Wut und Trauer über diese Zurückweisung.

Für mich kommt jetzt der schlimmste Teil der Vernehmungen. Mal angenommen, sie kann ihre Gerichtsverhandlungen nicht selbst besuchen, dann wird sich unweigerlich die Frage stellen, wie eine studierte, erwachsene Frau einem solchen Scharlatan aufsitzen konnte. Mir ist klar, dass dies die Wende für uns bedeutet. Über zwei Monate, erst die Mutter, dann den Ehemann fast täglich am Telefon, dann jeden zweiten Tag entweder im Schutzanzug, damit ich keine Keime übertrage, oder auch ohne zu Katharina zur Vernehmung gefahren. Ich weiß, dass sie mir das Nachfragen in diesem sensiblen Bereich nicht verzeihen wird. Es ist der Bereich in ihr, den sie nicht antastet: Nämlich eine Entscheidung getroffen zu haben, die sie sich selbst nicht erklären kann und ihrem Umfeld eigentlich auch nicht. Der Arzt hat ihre große Stärke, an etwas zu glauben, missbraucht.

Ihr Vertrauen werde ich verlieren, wenn ich nachfrage, und ich fahre zum ersten Mal sehr ungern dorthin.

Die Chemotherapie ist vorbei, Katharina hat kurze Stoppelhaare und freut sich auf einen Ausflug zu ihrer Mutter. Ihr Mann ist völlig mit seiner eigenen Trauer beschäftigt und kann ihr nichts mehr geben. Er ist leer.

Ich erkläre zunächst, warum ich diese Frage nach dem Warum stellen muss. Sie zieht sich zurück, klappt ihre Beine auf der Couch ein, sieht mich kritisch an. »Sie meinen, die Verhandlung wird dann sein, wenn ich tot bin?« Nun, es ist zumindest möglich und die Vernehmungen sollten alle möglichen Ausflüchte, Rechtfertigungen der Verantwortlichen widerlegen und Erklärungen bringen, die eine Verurteilung möglich machen. »Jetzt habe ich Ihnen mein ganzes Leben mit dem Krebs erzählt und Sie verstehen nicht, warum ich so gehandelt habe?« Ja, ich schon, aber das Gericht nicht. Ich kenne dich besser als du denkst, Katharina und ich verurteile dich nicht. Tust du es denn?

Ein Dreivierteljahr später. Ein ganz normaler Arbeitstag, mein Dezernatsleiter sagt mir, dass ich den Oberstaatsanwalt zurückrufen soll. »Erinnern Sie sich an die Frau mit dem unbehandelten Brustkrebs?« Katharina ist gestern in einem Hospiz gestorben.

Hoffentlich hat sie viele Träume noch verwirklichen können. Ich ertappe mich dabei, dass ich traurig bin. Bei all den Toten, bei den Leichen, mit denen wir konfrontiert werden, hatte ich dieses Gefühl nie. Wirklich nicht. Aber sie, Katharina, habe ich im Leben gekannt, mit ihr habe ich gesprochen und gelacht und habe sie in der härtesten Phase ihres Lebens kennen gelernt. Ich fühle mich mit ihr verbunden. Sie ist fort.

Die Leiche muss beschlagnahmt werden, die Beerdigung muss zurückgestellt werden. Eine Obduktion soll klären, woran sie gestorben ist. Ich telefoniere mit der weichen Stimme der Mutter, die nicht zur Beerdigung darf – der Ehemann hat es verboten. Trauer. Der Ehemann droht an, den Leichnam nicht herzugeben, an seiner Katharina wird nicht herumgeschnippelt. Nach langen Erklärungen sieht er den Sinn ein. Der Leiter des Hospizes hält das staatliche Handeln für unmenschlich und beendet abrupt das Gespräch. Unmenschlich?

Ich stehe in dem Obduktionssaal und sehe völlig veränderte Gesichtszüge. Graue Haare hat sie bekommen, abgemagert ist sie, viele zusätzliche Falten haben sich in ihr Gesicht gegraben, die auf Schmerzen hindeuten. Und dann dieser seltsame Knopf am Schlüsselbein, damit sie sich selbst Schmerzmittel injizieren kann.

Wie waren deine letzten Monate, Katharina?

Sie hatte, solange wie es eben ging, eine kleine Wohnung in der Nähe von Reutlingen, so dass sie sofort in den Weinbergen, im Wald war, wenn sie wollte. Ihre Mutter kam gelegentlich vorbei und sie haben Ausflüge unternommen. Der Ehemann kam immer seltener, ihm war der Weg zu weit und er musste arbeiten. Sie hatten sich auseinander gelebt. Dann im Hospiz war sie wieder seine Katharina, hilfsbedürftig, auf ihn angewiesen. Er hat sich gekümmert, um alles. Sie habe das Hospiz genossen, weil sie unter Menschen war, die das Gleiche, nämlich den Tod erwarteten, eine Gemeinschaft, die sie verstand. Sie wollte gehen.

»Sehen Sie, hier im rechten Hirnlappen eine Metastase, die Leber völlig durchsetzt und in der Brustwirbelsäule und der Lungenflügel, sehen Sie. Sie schauen ja gar nicht richtig hin, so sind Sie doch normalerweise aber nicht.«

Die Stimme des Gerichtsmediziners scheint aus einer anderen Welt zu kommen. Ich kannte den Menschen um die Metastasen herum. Sie fällt mir schwer, diese Obduktion. Mit einiger Anstrengung packe ich meine Gefühle weg.

Ich möchte ins Grüne. Gleich jetzt.

Sommertage

von Matthias Schmitt, Hannover

Ich freue mich auf einen weiteren Tag meiner Ausbildung. Die Welt da draußen hat so viel zu bieten. Vielleicht kann ich sie ein Stück weit verbessern, dem Verbrechen den Garaus machen.

Der erste Schreck auf der Wache: Streife mit dem alten Brummbär, der mich gestern schon ärgerte. Ein unbeliebter Kollege. Dann auch noch Tatortbereitschaft: Einbrüche, Leichen und Brände. Nun gut, sage ich mir, Lehrjahre sind keine Herrenjahre.

Der erste Einsatz. Ein Toter. Was erwartet mich da? Alte Menschen, junge Menschen, eine Familie? Auf jeden Fall Leid, Trauer und Entsetzen, soviel ist sicher.

Der Brummbär macht Scherze, ich mache mir Gedanken. Der Tod, was ist das eigentlich? Ein Ende oder der Anfang? Soviel ist sicher, irgendwann besucht er jeden. Mein Lieblingsautor Terry Pratchett fällt mir ein. Bei ihm ist der Tod ein Knochenmann auf einem Pferd. Die Sense immer bei sich. Und die Sanduhren, in denen der Sand des Lebens eines jeden verrinnt. Ist er wirklich so, oder ist es plötzlich nur dunkel?

Schnell verwerfe ich diese Gedanken. Ich muss mich auf den Einsatz konzentrieren.

Ich lenke mich mit der Schönheit der Landschaft ab. Die Fahrt zum Tatort scheint endlos. Dem Brummbär kann ich mich nicht anvertrauen. Der lacht mich nur wieder aus. So wie gestern, als ich einen Fehler machte.

Endlich am Tatort. Was ist schlimmer, anzukommen oder endlos durch die Straßen zu fahren, ohne zu wissen, was mich erwartet.

Eine junge Frau. Scheiße, auch das noch! Sie weint. Wen hat es erwischt? Ihre Eltern, ihren Mann oder gar ihr Kind?

Es ist der Mann. Er kam nicht zum Essen. War im Gartenhaus seinem Hobby nachgegangen, Musik machen. Das Mittagessen wurde kalt. Die Frau machte sich Sorgen. Ich geh mal kucken, wo Papa ist. Durchs Fenster sieht sie ihn. Er liegt da und rührt sich nicht. Panik. Sie holt die Axt. Schlägt auf die Tür ein.

Die Axt liegt noch da. Die Tür ist kaputt. Liebe und Angst entfesseln unheimliche Kräfte.

Der Brummbär steht da und grinst. Er weiß wohl, was los war. Ich dagegen habe keine Ahnung.

»Schau dich mal im Gartenhaus um«, sagt er. Ich schlucke und gehe los.

Ich finde viele Dinge, die ich nicht erwartet habe. Er lebte Lüste aus, von denen keiner ahnte. Hierbei muss er gestorben sein. Alleine, nur mit sich selbst. Was war wohl sein letzter Gedanke? Hatte er einen? Kam der Sensenmann oder wurde es einfach nur dunkel? Wieder diese Frage. Ich wende mich ab und gehe nach draußen. Frische Luft.

Der Brummbär sagt: »Befrag mal die Frau.«

Na spitze, auch das noch! Sie ist im Haus. Beim Eintreten fühle ich die Wand der Trauer. Meine Schritte werden schwer. In der Küche sitzen sie. Frau und drei Kinder. Alle weinen, bis auf den Kleinen. Der versteht nicht, was los ist.

Was soll ich tun? Trost spenden? Das kann ich nicht. Ich kenne hier keinen. Weiß nicht, wie er war. Ein guter Vater? Ein schlechter Vater? Also tue ich das, wofür ich da bin. Ich stelle Fragen, versuche so taktvoll wie möglich zu sein. Der Brummbär kommt rein. Erklärt der Frau, wie es weitergeht: Beschlagnahme der Leiche und des Tatortes. Einleitung von Ermittlungen und vielleicht Obduktion.

Sie ist überfordert, so wie ich. Stimmt allem zu. Welcher Bestatter ist ihr egal. Ihre Augen sagen, dass sie jetzt lieber weg wäre. Egal wo, nur nicht hier. Ich kann sie verstehen. Überall wäre es jetzt schöner.

Endlich weg vom Tatort. Alleine mit dem Brummbär geht's zur Leichenschau. Jetzt legt er richtig los. Macht Witze. Ich kann nicht lachen. Er sagt mir, ich wäre humorlos. Ich denke, er ist taktlos.

Die Leichenschau. Nicht meine erste. Die davor waren aber schon alt und krank. Ihre Zeit war da. Seine auch? Ich denke nicht. Er kann nie sehen, was aus seinen Kindern wird. Nicht mit seiner Frau alt werden. Seine Enkel nicht im Arm halten. Was wollte er noch sehen oder erleben? Fragen über Fragen!

Ich soll helfen, die Leiche umzudrehen. Gott sei Dank habe ich vor dem Dienst gegessen, sonst würde mir jetzt übel. Endlich ist alles vorbei. Ich habe Hunger auf Pizza. Wieso?

Zurück auf der Wache. Der Kollege sagt, ich soll den Bericht schreiben. Es dauert zwei Stunden. Er liest ihn durch. Auf jeder Seite streicht er mit rot zehn Fehler an. Also nachsitzen! Erst nach drei Korrekturen ist für ihn alles in Ordnung.

Der Rest des Tages ist ruhig. Der Kollege hat die Lust verloren mich zu ärgern. Ich hänge meinen Gedanken nach.

Es geht nach Hause. Dreißig Minuten Autofahrt. Dreißig Minuten voller Gedanken. Ich bin heute zum ersten Mal alleine. Wem soll ich es erzählen? Meiner Mutter? Die macht sich nur wieder Sorgen. Meinen Freunden? Verständnis hätten sie. Zuhören können sie. Mich trösten würden sie. Doch ich will ihr sorgenfreies Leben nicht belasten.

Kurzer Bericht an Mutter: »War ein Scheiß-Tag, ich geh in mein Zimmer.«

Als Erstes die Anlage aufgedreht. Laut. Metallica lenkt ab.

Es klappt nicht. Immer wieder habe ich die Bilder vor Augen. Die Leiche ist nicht schlimm. Der Tod kommt zu jedem. Die weinenden Angehörigen gehen mir nicht aus dem Kopf.

Nach zwei Tagen fange ich an zu vergessen.

Zwei Wochen später. Frühschicht. Ich begrüße alle und mache Kaffee. Die Woche Tatortdienst mit dem Brummbär scheint weit hinter mir zu liegen. Heute fahre ich mit meinem Ausbilder. Endlich wieder! Er ist mein großes Vorbild.

Der heiße Tag dümpelt vor sich hin. Hier ein Unfall, da eine Sachbeschädigung. Mein Ausbilder ist gut drauf. Hatte Stress zuhause. Hat sich aber alles geklärt. Die zwei sind wieder ein Herz und eine Seele, erzählt er mir.

Es ist kurz vor Feierabend. Ich will noch mit Freunden zum Baggersee, baden. Die Wache ruft über Funk. Einsatz am Badesee, ein kleiner Junge ist ertrunken.

Mein Ausbilder ist ganz anders als der Brummbär. Er spricht mit mir, bereitet mich vor. Er macht keine Witze. Ihm ist dieser Einsatz ebenfalls unangenehm. Er hat selber Kinder. Ich fühle mich gut aufgehoben. Trotzdem habe ich Angst. Wieder dieselben Gedanken, wie vor zwei Wochen. Doch diesmal bin ich nicht alleine. Wir lenken uns ab, reden auf der Anfahrt über Alltägliches.

Aus der Ruhe des Streifenwagens werde ich in Chaos, Trauer und Entsetzen gestoßen. Am Badesee sind viele Menschen, es ist laut. Ich höre jemanden weinen. Die Mutter.

Der Tote ist zwölf. Wir machen unsere Arbeit. Ich bin ruhiger als vor zwei Wochen. Trotzdem geht es mir nahe. Alles wie gehabt. Aussagen aufnehmen, Leiche sicherstellen, Tatort anschauen, Bestatter rufen, Leichenschau, Bericht schreiben.

Diesmal muss ich nur einmal korrigieren. Es läuft besser, auch das Hinterher. Wir reden viel. Seine Augen zeigen Angst. Sein Sohn wollte heute am selben See mit Freunden schwimmen gehen. Ob er es ihm erlaubt? Ich denke schon. Das Leben muss weitergehen. Er sagt, dass er seinen Sohn nicht einsperren kann. Dieser soll nicht für seinen Beruf büßen. Er wird ihn bitten aufzupassen. Ganz besonders gut aufzupassen. Er will doch ein guter Fußballspieler werden.

Mir ist die Lust auf Baden vergangen.

Diesmal habe ich gelernt. Ich treffe mich mit meiner besten Freundin. Wir verbringen den Rest des Tages miteinander und reden viel. Am Abend kann ich sogar wieder ein bisschen lächeln.

Spätschicht am nächsten Tag. Ich bin wieder der Erste. Zum Kaffee kochen komme ich nicht. Der Chef des Frühdienstes fragt, ob ich schon raus kann.

Der Große aus meiner Schicht kommt gerade. Den mag ich. Der ist immer so fröhlich. Wir packen unsere Sachen zusammen.

»Was haben wir denn?«, frage ich.

»Am Badesee ist ein Kind ertrunken.«

Wieder derselbe Weg wie gestern. Ich erzähle dem Großen von gestern. Er schaut mich mitleidsvoll an und macht mir Mut: »Wir schaffen das!«

Wir kommen gerade rechtzeitig, um zu sehen, wie ein Taucher den leblosen Körper aus dem Wasser trägt. Der Notarzt versucht zu reanimieren, erfolglos. Der Taucher sagt, dass der Junge einfach untergegangen sei. Er habe nichts mehr machen können.

Ein achtjähriger Junge. Die ganze Familie hatte mit mehreren Kindern einen Ausflug gemacht. Alles war schön und harmonisch und dann das Unglück.

Die Mutter schreit und nimmt ihr Kind. Sie hält es im Arm. Sie weint und jammert. Nicht nur sie; Vater, Brüder, Tanten und Onkel, Cousins und Cousinen. Alle sitzen im zehn Quadratmeter großen Erste-Hilfe-Raum. 15 schreiende und weinende Menschen. Mittendrin die Mutter. Den leblosen Jungen in ihren Armen.

Der Große und ich schauen uns hilflos an. Wir müssen ihr das Kind wegnehmen. Ihr den letzten Kontakt zu ihrem noch warmen Sohn verbieten.

Ich werde nachdenklich. Sie wird ihn nie wieder lachen oder weinen sehen. Sie wird sich Vorwürfe machen. Vielleicht wird ihre Familie an dem Verlust zerbrechen. Jeder aus der Familie hat Erinnerungen an den Kleinen. Das wird das Einzige sein, was ihnen bleiben wird.

Wir nehmen ihr den Jungen weg. Sie will ihn nicht loslassen. Mit sanfter Gewalt und gutem Zureden gelingt es uns.

Danach wieder die Routine. Aussagen aufnehmen, Leiche sicherstellen, Tatort anschauen, Bestatter rufen, Leichenschau. Heute fällt es besonders schwer. Die Mutter will nicht wahrhaben, dass ihr Sohn tot ist. Sie will ihn wiederhaben.

Heute schreibt der Große den Bericht. Er sieht müde aus. Fast zwei Meter groß ist er. Jetzt wirkt er kleiner.

Den Rest des Tages ist es ruhig.

Wieder ein langes Gespräch. Zweimal in zwei Tagen. Das ist »heavy«. Ich brauche lange, um es zu verarbeiten. Lachen kann ich trotzdem, aber alles ist seitdem anders.

Immer wieder muss ich zu schwierigen Einsätzen. Meine Vorbereitung verbessert sich. Doch auf den Einsatz an einem der letzten Sommertage 2005 konnte mich niemand vorbereiten.

Ich bin mit einem Kollegen in der Stadt auf Streife. Der Tag plätschert vor sich hin. Nach kleineren Einsätzen fahren wir auf die Wache, um Berichte und Anzeigen zu schreiben. Nichts Gravierendes, Alltag eben.

Zwischendurch rauche ich eine Zigarette und flachse mit den Kollegen. Unsere Wache wird von der Einsatzzentrale gerufen.

»Unverzüglich alles raus, was ihr habt. Wir haben Schusswaffengebrauch auf der Straße. Eine Person ist verletzt. Vorsicht Eigensicherung!«

Wir rennen zum Wagen. Der Tatort ist 500 Meter von der Wache entfernt. Wir werden als Erste dort sein. Noch vor den Rettungskräften. Es bleibt nicht viel Zeit zum Nachdenken.

Wir sind da. Unser Wagen stoppt. Ich bin Beifahrer. Vier Meter vor mir liegt ein Mann auf dem Rücken. In der Nähe stehen Menschen. Ich weiß nicht, wer sie sind. Einer von ihnen könnte der Täter sein. Ich sprinte zum Kofferraum und hole unseren Notfallkoffer. Ich renne auf den am Boden liegenden Mann zu. Seine Augen sind offen und starren nach oben. Ich spreche ihn an. Keine Reaktion.

Ich bin froh, dass ich erst vor sechs Wochen eine Fortbildung zur Auffrischung meiner Erste-Hilfe-Kenntnisse hatte. Zuerst die Atmung kontrollieren. Ich fühle nichts. Puls fühlen, dazu zwei Finger an den Hals. Ich spüre etwas. Ist es mein Herzschlag oder seiner? Ich mache kurz die Augen zu. Mein Puls rast. Ich nehme mir zehn Sekunden, beruhige mich. Finger an den Hals. Ich fühle nichts mehr. Sein Herz schlägt nicht mehr. War das, was ich gefühlt hatte, das letzte Lebenszeichen von ihm?

Ein junger Mann kniet sich neben mich.

»Ich bin Sanitäter, kann ich helfen?«

Ich reiche ihm die Beatmungsmaske, »kein Puls, keine Atmung. Er hat eine Schussverletzung. Wir müssen reanimieren.«

Er ist jünger als ich, ebenso nervös. Ich reiße dem Mann das Hemd auf und fange mit Herzdruckmassage an. Der Einschuss liegt wenige Zentimeter unterhalb meiner Hände. Das Loch ist dick wie ein Kugelschreiber und blutet nicht. Der Sani dreht den Kopf des Mannes zur Seite. Blut schwappt aus dem Mund. Wir machen weiter. Ich höre und spüre es unter meinen Händen knacken. Egal … weiter. Ich schaue nach links. 20 Menschen stehen dort. Ich nehme nur eine dunkelhäutige Frau wahr. Sie ahmt meine Bewegungen nach. Bedeutet mir weiterzumachen. Schaut mich hoffnungsvoll an.

Es knackt wieder. Noch eine Rippe gebrochen. Ich erinnere mich wieder an unsere Fortbildung.

»Erschreckt nicht, wenn eine Rippe bricht«, hatte der Ausbilder gesagt. »Das passiert sehr häufig. Macht einfach weiter.«

Wir machen weiter. Ich höre Martinshörner von überall. Endlich kniet ein Notarzt neben mir. Er übernimmt.

Ich stehe auf. Bin wie in Trance. Ich weiß, der Mann ist tot. Ich gehe ein paar Schritte. Ich muss den Druck loswerden. Drehe mich zu einer Hauswand, hole aus und schlage mit der Faust dagegen. Blut tropft auf den Gehweg.

Ich spüre eine Hand auf meiner Schulter. Drehe mich um. Es ist der Große. Er schaut mir in die Augen, nimmt meinen Arm und zieht mich weg. Setzt mich so weit wie möglich von der Leiche entfernt auf den Bordstein.

»Atme tief durch und rauch erstmal eine, Schmitti.«

Das mache ich. Es geht mir ein bisschen besser.

Die Kripo kommt, befragt mich. Ich erzähle alles und sage, dass ich es aufschreiben werde.

»Lass dir Zeit damit«, meint die Kripobeamtin.

Den Bericht habe ich am selben Tag noch geschrieben. Da ist die Erinnerung am frischsten.

Der Täter wurde gestellt. Er wohnte in der Nähe. Die Zeitungen betitelten ihn als den »Gentleman-Mörder«. Vor der Festnahme hatte er sich umgezogen. Seinen besten Anzug hatte er angezogen. Deswegen Gentleman. Das Opfer war ein Trinkkumpan von ihm. Möglicherweise hatten sie sich um eine Frau gestritten.

Ich sah den Täter nach seiner Festnahme auf der Wache in einem Schreibraum sitzen. Er rauchte. Er schaute mich an und verzog keine Miene. Das war er also. Der Mensch, der das Leben eines Anderen ausgelöscht hatte und dessen Tat mich in eine Situation brachte, die mir alles abverlangte.

Er sah aus wie der nette Großvater von nebenan.

Eine Woche später ist die Sache der Presse nur noch einen kurzen Artikel wert: Der Täter wurde freigelassen. Es wäre nur ein Unfall gewesen. Er habe seinem Freund die Waffe verkaufen wollen. Bei der Übergabe habe sich ein Schuss gelöst. Unabsichtlich. Er hatte die Pistole wohl nicht richtig entladen, so seine Entschuldigung. Es täte ihm leid.

Gangtreffen

von Thiess Kuhlmann, Hamburg

Tagesdienste auf einer Hamburger Polizeiwache am Sonntag zeichnen sich dadurch aus, dass sie bei zwölf Stunden Dauer eine gefühlte Dienstzeit von 24 Stunden haben. Besonders wenn man das Pech hat, als »Fußstreife im Präsenzdienst« unterwegs sein zu müssen. Schließlich will der Bürger weiße Mützen sehen, um sich sicher zu fühlen, so der Tenor der Polizeiführung.

So ein Sonntag mit Präsenzdienst stand mir mit einem Kollegen aus einer anderen Schicht bevor, den ich überredete, Zivilstreife zu fahren. Zu unserem Reviergebiet gehört unter anderem der Stadtteil Steilshoop mit vielen Hochhäusern, Innenhöfen und Ringstraßen.

Eines der Problemfelder des Stadtteils waren die Jugendgangs. Wir kannten deren Führer und die wesentlichen Unruhestifter aus vielen Einsätzen.

Während unserer Streife stellten wir eine Ansammlung von etwa 20 wichtigen Gangmitgliedern auf dem Hof der Gesamtschule fest. Nach und nach stiegen sie in Linienbusse. Das war ungewöhnlich und schien keine zufällige Aktion zu sein.

Wir folgten einem der abfahrenden Busse und teilten der Einsatzleitzentrale unsere Erkenntnisse über Funk mit.

Ich fühlte mich mit diesen Gangtypen immer unwohl. Ich wusste nicht, wie ich mit ihnen reden sollte, sobald sie gemeinsam auftraten. Außerdem hatte ich immer deren Opfer vor Augen, denen die Zähne ausgeschlagen, die ausgeraubt und erniedrigt worden waren, ohne dass es für die Täter spürbare Konsequenzen nach sich zog. Während die Jungs mit ihren Taten prahlten, blieben die Opfer oft traumatisiert und verängstigt zurück.

Die Busse fuhren zum Zentralomnibusbahnhof des nahe gelegenen Stadtteils Barmbek.

Mein Partner setzte mich ab, und ich schlenderte zu einer Bushaltestelle, von der aus ich die ankommenden Busse gut beobachten konnte.

Auf dem gesamten Vorplatz des Bahnhofsvorplatzes standen Jugendliche in Gruppen herum, die der Bekleidung und dem oberlässigen, lauten Gruppengehabe nach, zu irgendwelchen Gangs gehörten: Übergroße Kapuzenpullover und Bomberjacken der Firma Alpha Industries, Adidas Knopfhosen und Baseball-Kappen dominierten die Szene. Die Gesichter wirkten blass, ihre Blicke herablassend. Eine Unterscheidung der Gruppen nach Farbe der Jacke oder der Mützen war für mich nicht möglich. Es waren viele Türken, ein paar Dunkelhäutige und junge Männer, die den Gesichtern nach aus der Gegend um den Iran oder Afghanistan kamen.

Die Busse der Steilshooper trafen ein, und ich sah mit großer Beunruhigung, wie die neu angekommenen Gangmitglieder Stuhllehnen, Knüppel und andere Waffen hinter den grünen Mülleimern und Regenrinnen deponierten.

Mein Partner, den ich sehnlichst herbeiwünschte, war immer noch auf Parkplatzsuche und die schlechte Funkverbindung ermöglichte keinen Ruf nach Verstärkung.

Plötzlich ging es ganz schnell: Die Angehörigen der einzelnen Gangs liefen aufeinander zu und prügelten aufeinander ein, während Passanten fluchtartig versuchten, sich aus dem Anfahrtsbereich der Busse zu retten. Es dauerte nur wenige Augenblicke, dann lief die prügelnde Masse genauso schnell auseinander, wie sie zusammen gefunden hatte. Etwas abseits sammelten sich die Gruppen wieder.

Ich war näher an das Kampfgeschehen rangegangen, um mir möglichst viele Details zu den Tätern zu merken, damit ich später einen möglichst genauen Bericht schreiben konnte.

Für die Passanten, die zufällig in diese Schlägerei geraten waren, konnte ich auch nichts tun, da ich immer noch alleine war. Ich kam mir vor wie ein Unbeteiligter vor dem Fernseher, der eine Nachrichtensendung über gewaltsame Unruhen anschaut. Alte Menschen, versuchten mit angsterfüllten Gesichtern, so schnell wie möglich dem Szenario zu entkommen. Busfahrer schlossen hektisch ihre Türen und wirkten wie gelähmt auf ihren Fahrersitzen.

Auf Höhe des Einganges zur U-Bahn stauten sich die aufeinander treffenden Gruppen der Passanten und der Jugendlichen. Links von mir bei der Ausfahrt des Bahnhofs war Kampflärm zu hören. Ich lief in diese Richtung. Aus dem Gewühl heraus sah ich einen Jugendlichen, der stark aus einer Wunde an der rechten Stirnseite blutete. Er trug eine dunkle Bomberjacke und hatte asiatisch anmutende Gesichtszüge. Er ging die Fahrbahn entlang in meine Richtung. Mit dem Butterfly-Messer in seiner rechten Hand zerschnitt er mit ruckartigen Bewegungen die Luft und schrie mit weit aufgerissenen Augen immer wieder: »Ich stech' euch ab!«

Er darf auf keinen Fall die Menschenmassen vor dem Eingang zur U-Bahn erreichen, sonst gibt es ein Blutbad, schoss es mir durch den Kopf. Ich hörte auf, ein passiver Betrachter zu sein. Mir war nicht klar, wem seine Drohungen galten, oder ob er nur irgendein Opfer suchte. Das machte keinen Unterschied. Ich musste ihn aufhalten. Mein Kollege war immer noch nicht da und auch keine Verstärkung in Sicht.

Ich atmete tief durch, griff unter meine Jacke und zog meine Pistole. Ich richtete sie mit beiden Händen auf den etwa 17-Jährigen und rief laut »Halt Polizei! Messer weg oder ich schieße!«

Wie in Trance drehte er sich ganz langsam zu mir um und kam auf mich zu. Mit seinem Messer zerteilte er immer noch die Luft. Seltsamerweise empfand ich keine Angst, da ich das Gefühl hatte, aktiv Einfluss nehmen zu können.

Ich schätzte die Entfernung zwischen uns und dachte an die Lehrfilme aus dem Einsatztraining. Ich erinnerte mich, dass ein Messerstecher ab einer Entfernung von etwa acht Metern gefährlich wird, weil er einen erreichen und töten kann, ehe man die Möglichkeit hat zu ziehen und zu schießen.

Nur, wann ist die Distanz so gering und die Bedrohung so groß, dass ich um meiner selbst willen schießen muss? Mir gingen die Situationen durch den Kopf, bei denen ich mit Messern bedroht worden war.

Einmal stand ein Betrunkener in einer Wohnung plötzlich mit einem blutigen Messer vor mir. Ich stand ihm mit gezogener Waffe gegenüber. Er zögerte und ich auch. Ein Kollege schlug dem Betrunkenen das Messer mit einer großen Taschenlampe aus der Hand und wir nahmen ihn fest. Ein anderes Mal konnte ich einen Drogenhändler, der mir ein Messer direkt an den Bauch hielt einfach überreden aufzugeben. Heute war dies keine Möglichkeit. Der Junge war völlig hysterisch und aggressiv, und er kam immer näher!

Ich rief erneut »Polizei! Lass endlich das Messer fallen oder ich schieße!«

Gleichzeitig ging mir wieder der Lehrfilm durch den Kopf: Warnschüsse sollten möglichst ins lockere Erdreich, in den Rasen oder ins Gebüsch abgegeben werden, da bei Schüssen in die Luft die herabsausende Kugel Menschen schwer verletzen kann. Das alles raste in Sekundenbruchteilen durch meinen Kopf. Mittlerweile war der Jugendliche mit dem Messer näher herangekommen. Weit und breit war weder Rasen noch ein Gebüsch zu sehen. Ich hob die Waffe in Richtung des Stückchens blauen Himmel, den ich von meiner Position aus sehen konnte, und schoss.

Der Knall war sehr laut und beeindruckend. Der Junge hielt einen Augenblick inne, machte aber keine Anstalten, dass Messer fallen zu lassen. Ich zielte auf den Oberkörper des Jugendlichen. »Messer weg – oder ich schieße!«, rief ich ein letztes Mal.

Ich war entschlossen, ihn keinen Schritt weiter in meine Richtung zu lassen. Der Schlaghebel der Pistole war durch den Warnschuss vorgespannt und eine kleine Bewegung meines Zeigefingers hätte ausgereicht, ihn aufzuhalten.

Meine Gedanken rasten: Soll ich schießen oder geht es auch ohne? Zögere ich lange und der Täter sticht nicht zu, dann wird es heißen, ich habe umsichtig gehandelt. Schieße ich, gibt es ein Ermittlungsverfahren und es wird – selbstredend ohne zeitlichen Druck – geprüft, ob es nicht eine andere Möglichkeit gegeben hätte. Zögere ich und der Täter sticht zu, dann reicht es nur zu einem Nachruf der Behörde. Viel schlimmer quälte mich die Frage, wie wäre es, für den Tod des Jungen oder bleibende Schäden bei ihm verantwortlich zu sein? Immerhin war er noch nicht einmal erwachsen. Und – würde sich der junge Mann die gleichen Gedanken machen, falls er mich töten würde? Oder würde er später damit prahlen? Oder behaupten, es sei Notwehr gewesen? Wie auch immer, mein Entschluss war gefallen. Ich würde ihn keinen Schritt weiter heran lassen.

Spürte er diese Entschlossenheit? Er schaute auf meine Pistole, dann in meine Augen und ließ das Messer fallen. Erleichtert rannte ich zu ihm, brachte ihn zu Boden und legte ihm Handschellen an. Sein Messer steckte ich ein.

Es war immer noch kein Kollege da. Wie lange kann es dauern, einen Parkplatz zu finden, während ich hier fast abgestochen werde? Ich ließ den blutenden Jugendlichen aufstehen und führte ihn zur Wand beim Bürgersteig.

Seine Freunde, die nach der Auseinandersetzung weggelaufen waren, kehrten wieder zurück. Erst jetzt fiel mir auf, dass ich meine vorgespannte Pistole immer noch in der Hand hielt. Ich entspannte sie und steckte sie rasch ins Holster.

»Ey Mann, der hat unserem Kollegen in den Kopf geschossen!«, rief einer. Ich kannte den Typ mit dem Afrolook. Er war ein schon mehrfach auffälliger Intensivtäter. Die Traube der aufgestachelten, aggressiven Jugendlichen vergrößerte sich. Sie bildeten einen Kreis um mich und ihren gefesselten »Kollegen«. Ich fühlte mich zum Kotzen und merkte, wie mir die Wut den Hals hoch kroch. Gerade hatte ich doch geglaubt, die Situation heil überstanden zu haben!

»Du stehst gleich in Handschellen neben deinem Kumpel an der Wand«, brüllte ich ihn an. Das beeindruckte den Afrolook und seine Jungs überhaupt nicht. Sie rückten bedrohlich näher.

Was nun? Einen Gegner zu überwältigen ist eine Sache, aber gleich ein ganze Gruppe? Während ich noch überlegte, wie ich hier am Besten raus komme, trat der bereits Festgenommene in Aktion. Er nickte dem Wortführer zu. Er wirkte gelöst und relaxed. »Hey, alles klar, gar nix los, Alter. Der Wachtmeister hat das nicht getan. Mir hat einer mit'm Nothammer auf'n Kopf gehau'n. Was der Wachtmeister gemacht hat, war alles korrekt.« Er wiederholte das nochmals, damit es alle, die nach vorne drängten hören konnten. Seine Worte zeigten Wirkung. Die Jugendlichen entspannten sich und gingen wieder auf Distanz. Alles Mögliche hatte ich erwartet, aber nicht das! Ich konnte mein Glück gar nicht fassen. Erleichtert schaute ich auf meinen ehemaligen Gegner.

In der Ferne waren plötzlich von überall Sirenen zu hören.

Zuerst bog ein Rettungswagen in den Bahnhof. Ich nahm dem Jugendlichen die Handschellen ab und ließ ihn mit dem Rettungswagen ins nächste Krankenhaus fahren. Ich hätte ihn wegen Widerstandes festnehmen können, jetzt stand aber die Versorgung seiner Wunde im Vordergrund. Aus meinem Gegner auf Leben und Tod war plötzlich ein Mensch geworden, der mir aus einer sehr brenzligen Situation geholfen hatte. Ich war selbst überrascht, wie nahe das beieinander liegen kann.

Mein Streifenpartner tauchte auf. Er hatte einen Parkplatz gefunden.

Zu Gast bei Freunden

von Peter Willers, Geesthacht

Morgens halb zehn in Hamburg, Wartehalle der Ausländerbehörde – Abteilung Abschiebung. Zahlreiche Menschen haben sich bereits eingefunden. Sie stammen aus Afrika, Afghanistan, dem ehemaligen Jugoslawien und von sonst wo aus der Welt. Auf den abenteuerlichsten Wegen, oftmals verbunden mit den größten Gefahren für das eigene Leben, haben sie ihr Land verlassen, auf der Suche nach der »besseren« Welt. Dorthin, wo sie glaubten, der Not, dem Krieg, der Perspektivlosigkeit entfliehen zu können.

Hier sitzen sie nun, darauf gefasst, dass ihre Nummer in Kürze auf der Leuchttafel erscheinen wird, um dann vom Wachpersonal, nach Passieren einer Sicherheitsbarriere, zu ihrem Sachbearbeiter vorgelassen zu werden. Die nüchterne Ausstattung des Warteraumes, die kahlen Wände, hinterlassen den Eindruck: Ihr seid hier nicht willkommen, nur geduldet. Und so steht es auch in ihren Ausweisen.

Zusammen mit meiner Frau sitze ich in der Wartehalle. Wir begleiten Hassan, einen 17-jährigen Flüchtling aus Westafrika. Ob es Zufall war oder eine Fügung des Schicksals, als wir Hassan wenige Monate zuvor kennen lernten, weiß ich nicht. Jedenfalls berührte uns seine Geschichte. Wir fühlten uns aufgerufen, diesen jungen Menschen auf seinem Weg zu begleiten und zu unterstützen.

Ich sehe mich in der Wartehalle um, betrachte die Menschen und versuche mir vorzustellen, was in ihnen vorgeht. Hier entscheidet sich ihr weiterer Lebensweg. Ich will mir gar nicht ausmalen, was den einen oder anderen in seinem »Heimatland« erwartet, sollte er abgeschoben werden. Meist ist ihr Asylantrag bereits abgelehnt. Nun entscheidet sich das weitere Schicksal des Einzelnen; Verlängerung der Duldung um einige Wochen, weil die zur Abschiebung erforderlichen Dokumente noch nicht vorliegen oder Aushändigung der Ausreisedokumente mit der unwiderruflichen Aufforderung, die Bundesrepublik zu verlassen. Nicht selten, ja sogar gängige Praxis ist es, die Abzuschiebenden, ganze Familien in einer Nacht- und Nebelaktion zu Hause aufzusuchen und sie mit wenigen Habseligkeiten zum Flughafen zu bringen, um sie in ihr »Heimatland« abzuschieben. Einem Land, das den oftmals in Deutschland geborenen Kindern der Flüchtlinge fremd ist und dessen Sprache sie meist nicht sprechen.

Durch die runden Fenster der Wartehalle schaue ich wie durch Bullaugen auf die Weltstadt Hamburg. Die Ausländerbehörde ist ein gemauertes Schiff im Stile eines Ozeanriesen. Der Eingangsbereich läuft spitz, wie der Bug eines Schiffes, zu. Ein Ozeanriese mitten in Hamburg, als Zeichen hanseatischer Weltoffenheit.

Hassan hält den Zettel mit seiner Nummer in der Hand. Er ist noch immer nicht an der Reihe. Er ist sehr schweigsam. Sein lebensbejahendes Lächeln und seine Fröhlichkeit, mit denen er die Herzen seiner Mitmenschen öffnete, sind eingefroren. Die Anspannung steht ihm ins Gesicht geschrieben. Seine Erfahrungen mit der Ausländerbehörde sind von negativen Erlebnissen geprägt.

Mit 14 Jahren hatte sich Hassan auf den Weg nach Europa gemacht. Wie er dies schaffte, darüber schweigt er, zu traumatisch sind die Erinnerungen an die Vergangenheit. In seinem Land herrschte Bürgerkrieg, seine Familie wurde von Rebellen umgebracht. Ehe er als Kindersoldat rekrutiert werden konnte, gelangen ihm die Flucht und die Ausreise. In Deutschland angekommen, beantragte er Asyl. Da Hassan keine Geburtsurkunde vorweisen konnte, legte die Ausländerbehörde mit dem Einreisetag seinen 16. Geburtstag fest. Somit war Hassan gezwungen sein Asylverfahren alleine zu betreiben. Die Unterstützung, die man ihm als Vierzehnjährigen hätte gewähren müssen, unterblieb und dies war wohl so gewollt.

Aber mit den Menschen in Hamburg hat Hassan gute Erfahrungen gemacht, in seiner Schule fand er schnell Freunde. Trotz anfänglicher sprachlicher Schwierigkeiten lernt Hassan sehr gut. In Kürze dürfte er seinen Realschulabschluss haben. In seiner Jugendfußballmannschaft ist Hassan als Torwart ein sicherer Rückhalt – durch seine gute Leistung habe Hassan so manches Spiel entschieden, sagt sein Trainer. So wie fast jeder Junge in diesem Alter träumt Hassan von einer Karriere als Fußballer. An Auswärtsspielen kann Hassan aber in der Regel nicht teilnehmen. Sie finden außerhalb von Hamburg statt und Hassan darf das Gebiet der Hansestadt nicht verlassen, so verlangt es die Ausländerbehörde. In seiner Freizeit würde Hassan gern etwas Geld nebenbei verdienen. Er möchte nicht, dass ihm vom Sozialamt alles bezahlt wird, was er benötigt. Aber Hassan bekommt keine Arbeitserlaubnis, er darf nur zur Schule gehen. Auch nach dem Schulabschluss darf Hassan keinen Ausbildungsberuf erlernen. Darüber ist Hassan betrübt, denn der Vater eines Mitspielers hat einen Tischlereibetrieb und Hassan einen Ausbildungsplatz in Aussicht gestellt.

Dann, endlich: Hassans Nummer leuchtet auf. Jetzt noch einmal durchatmen und die Ruhe bewahren. Wir gehen zum Drehkreuz des Sicherheitsbereiches, werden durchgeschleust. Ich weise mich mit meinem Polizeidienstausweis aus – zur Sicherheit – ich denke es kann nichts schaden, wenn sie wissen, dass ich einer von ihnen bin. Nun noch etwa 50 Meter den Flur auf diesem Seelenverkäufer entlang.

»Bitte nicht Frau X«, höre ich Hassan sagen, bevor wir das Zimmer mit der zugewiesenen Nummer betreten. Als hätte der Herrgott einen Augenblick nicht zugehört, befinden wir uns im Zimmer der Sachbearbeiterin Frau X. Der Grund für Hassans Besorgnis erklärt sich mit dem Auftreten dieser resoluten Person von selbst.

Kurz und formell eröffnet sie Hassan, sie habe die erforderlichen Ausreisedokumente beantragt und seine Ausreise stünde in Kürze bevor. Sie verlängert die Duldung zwar noch um 14 Tage, dies ist aber keine Sicherheit. Bei Vorliegen der Ausreiseunterlagen kann Hassan jederzeit festgenommen und in sein Heimatland abgeschoben werden.

Der Schock sitzt tief, als wir das Büro verlassen und den Gang zurückgehen Richtung Wartesaal. Ich schaue meine Frau fragend an. Sie ist fassungslos. Hassan schweigt.

Ich empfange meinen Dienstausweis und fühle mich mies. Als Polizeibeamter bin ich verpflichtet, im Notfall Abschiebungen zu unterstützen. Hautnah spüre ich den persönlichen Konflikt. Durch eine Fügung des Schicksals sehe ich mich jetzt auf der anderen Seite des Gitterkreuzes, auf der Seite der Flüchtlinge und Heimatlosen, der Schutzsuchenden und Verfolgten. Wo bleibt die Gerechtigkeit, auch wenn die Verfahrensweise der Rechtsnorm entspricht? Wo bleibt die Menschlichkeit?

Wenige Tage nach dem Besuch bei der Ausländerbehörde wird Hassan in seiner Jugendwohnung festgenommen, zum Flughafen gebracht und in sein Heimatland abgeschoben. Er hatte keine Möglichkeit mehr, eine Person seines Vertrauens zu benachrichtigen. Wie es ihm in seinem Heimatland ergeht, ist ungewiss.

Lassen Sie uns einfach annehmen, dass die Geschichte von Hassan frei erfunden ist. Denn sonst müssten wir uns ernsthaft fragen, ob im Jahr der WM die Welt wirklich zu Gast bei Freunden war.

Drei Freunde

nacherzählt von Volker Uhl, Ludwigsburg

Mit 21 kam ich zu Jochen ins Mordkommissariat. Er begrüßte mich damals mit einem kräftigen Händedruck und einem herzlichen »Willkommen bei den Mördern und Vergewaltigern«.

Jochen hatte mir einige Jahre Erfahrung voraus und führte mich in die praktische Arbeit der Verbrechensermittlung ein.

Hans wurde wenige Monate später als Neuling der Dritte in unserem Bunde.

Die folgenden 15 Jahre waren mit Todesfallermittlungen angefüllt. Wir waren gemeinsam in Sonderkommissionen und standen oft Schulter an Schulter am Obduktionstisch, wenn es zusammen mit dem Gerichtsmediziner galt, die Todesursache von Kindern, alten Menschen und Mordopfern herauszufinden.

Während der Ermittlungen und der Obduktionen baut man eine gewisse Distanz zu Opfern und Angehörigen auf, nach Möglichkeit, ohne sein Mitgefühl zu verlieren. Ich konnte nicht in jedem Fall mittrauern und mitleiden. Denn sonst hätte ich diesen Beruf auf die Dauer nicht ausüben können.

Wir haben viel Leid gesehen, in menschliche Abgründe geblickt, von denen wir uns als junge Polizisten keine Vorstellung machten. Die Verbundenheit von Jochen, Hans und mir wuchs dadurch. Wir wussten viel voneinander, manchmal sogar mehr, als unsere Partnerinnen zu Hause.

Mit 40 erlitt Jochen ein häufiges Polizistenschicksal – die Scheidung. Seine Frau war aus dem gemeinsamen Haus ausgezogen. Er blieb dort wohnen, während sich die Anwälte um die Aufteilung des Hauses stritten.

Als Jochen eines Morgens nicht zum Dienst kam, fuhren Hans und ich zu seinem Haus. Durchs Schlafzimmerfenster sahen wir ihn reglos im Bett liegen. Auf Klopfen und Klingeln öffnete er nicht. Wir traten die Türe ein. Jochen war tot.

Die Ermittlungen zu seinem Todesfall übernahmen Kollegen aus dem Fachdezernat der Nachbarstadt. Wir wollten wissen, was mit Jochen geschehen war. Es gab keinerlei Hinweise auf ein Verbrechen oder einen Suizid. Dennoch quälte uns die Frage nach der Ursache seines Todes. Er war doch erst 43.

Eine Lawine wurde losgetreten. Die Kollegen kamen in Jochens Haus und führten die Ermittlungen. Sie verständigten die Staatsanwaltschaft und gaben unsere Anregung zu einer Obduktion weiter.

Prof. Dr. Maier kam aufgelöst in unser Büro. Jochen war in sein gerichtsmedizinisches Institut unweit unserer Dienststelle gebracht worden. Dort sollte er obduziert werden.

Dr. Maier war uns dreien in den langen Jahren zu einem verlässlichen Partner geworden. Er war ein selbstsicherer Mensch ohne Standesdünkel. Jetzt war er fahrig, unsicher und hatte Tränen in den Augen.

»Ich weiß nicht, ob ich das kann«, sagte er nur.

»Wir kommen mit«, sagten Hans und ich ohne Absprache und ohne langes Überlegen.

Vielleicht wollten wir Jochen auf seinem letzten Gang nicht alleine lassen. Oder dem sehr geschätzten Professor unsere Solidarität zeigen? Ich weiß es nicht.

Gemeinsam liefen wir das kurze Stück zur Gerichtsmedizin. Nur, dass diesmal Jochen nicht dabei war. Bestimmt 50-mal bin ich in den Jahren zuvor mit ihm diesen Weg gegangen. Ein Weg, der mich heute zu etwas Unbekanntem führte, zur Obduktion eines Freundes. Meines Freundes.

Wortlos betraten wir den Sektionsraum. Jochen lag bereits ausgezogen auf dem Edelstahltisch.

Die Stimmung war wie in einem Kühlschrank; die Türen geschlossen, das Licht im Innern erloschen und wir eingefroren. Wir sprachen kein Wort und vermieden es, uns anzuschauen. Aus eigener Trauer und aus Respekt vor der Trauer des anderen.

Erinnerungsfetzen blitzen auf. Jochen, wie er mit seiner Braut am Arm aus der Kirche kam. Sein zufriedenes Grinsen bei seiner Bestellung zum Leiter des Kommissariates, oder wie er auf einer Dienstreise, als wir aus Kostengründen in einer Jugendherberge übernachten mussten, beim Bettbeziehen vor Verzweiflung fast sein Laken zerriss. Ich sah ihn, wie er vor Jahren ins Vernehmungszimmer kam und dem Mordverdächtigen seine Hand auf die Schulter legte, hörte seine Worte, »jetzt machen Sie es sich doch nicht so schwer«.

Die gemeinsamen Erlebnisse liefen wie ein Film ab. Stundenlange Observationen, Festnahme von Mördern, und sein lautes Lachen, wenn er Witze riss.

Drei Profis in der Pathologie heulten bis zum Ende der Obduktion.

Denke ich heute an ihn, dann mischen sich in die guten Erinnerungen an unsere gemeinsame Verbrecherjagd die Bilder seiner Obduktion. Ich weiß, ich hätte nicht hingehen sollen. Ich weiß aber auch, dass ich es wieder so machen würde. Jochen hätte das Gleiche für mich getan.

Die Obduktion ergab einen natürlichen Tod. Der Professor stellte eine erhebliche Herzvorschädigung fest. Jochen musste Beschwerden damit gehabt haben. Darüber gesprochen hatte er mit uns nie.

Kummer hinterlässt Spuren. Keiner sieht sie. So lange, bis das Herz endgültig bricht.

Straßenkreuze

von Kendy Scharein, Böblingen

Als Praktikant fahre ich mit einem erfahrenen Kollegen das Reviergebiet in dieser regnerischen Dezembernacht ab.

Plötzlich hält er den Streifenwagen an, steigt wortlos aus.

Durch die verdreckte Scheibe sehe ich, wie er zu einem Baum geht. Er kniet sich vor das Kreuz, richtet die Blumen. Minuten vergehen.

Er steht auf, wischt den Schmutz der Straße von dem Foto am Kreuz und steigt wieder ins Auto.

Wir fahren weiter. Die Stille im Auto wird nur durch das kratzende Geräusch der Scheibenwischer unterbrochen.

»Dort ist mein Großer gestorben. Im August. Er hatte den ganzen Tag gearbeitet und war noch kurz auf dem Stadtfest. Als er am nächsten Morgen nicht da war, hab ich mir gedacht, na ja, hat er wohl jemand kennen gelernt und dort geschlafen. Wäre es mal so gewesen.«

Er macht eine Pause.

»Am Nachmittag war er immer noch nicht da. Auf einmal ein Anruf. Diese Art Anruf, bei dem man beim Läuten sofort weiß, er bedeutet nichts Gutes.«

Ich muss schlucken und weiß immer noch nicht, was ich sagen soll.

»Es hat ihn wohl aus der Kurve geworfen, direkt gegen den Baum am Straßenrand. Er starb eingeklemmt im Auto, so stand es im Unfallbericht.«

Wir fahren zur Wache, die Nacht ist fast um.

Im nächsten Umlauf ist mein Kollege nicht da.

Sein Sohn hätte 19. Geburtstag gehabt.

Als ich zwei Tage später wieder an dieser Stelle vorbeifahre, stehen frische Blumen am Kreuz. Das Foto ist sauber abgewischt. Eine Kerze brennt.

Epilog

Brief des Bundespräsidenten zu
»Die erste Leiche vergisst man nicht«

Der Bundespräsident

Sehr geehrter Herr Uhl,

über Ihren Brief und das Buch habe ich mich gefreut. Beim Lesen habe ich gemerkt, dass die Autoren in Ihrem Band meist ganz andere Geschichten erzählen, als die, die wir aus dem Fernsehen gewohnt sind. Sie berichten von der Routine des Dienstes, den mühsam erkämpften Erfolgen, dem menschlichen Leid, dem Sie und Ihre Kollegen so oft begegnen, aber auch von der Befriedigung, die der Beruf gibt.

Es ist ein wichtiges Buch, das den Blick auf den Menschen in der Uniform des Polizeibeamten richtet.

Mit freundlichen Grüßen
Ihr Horst Köhler

Autorenverzeichnis

Bartel, Frank	Leiter der Ermittlungsgruppe Asyl und Konfliktberater bei der Polizeidirektion Ludwigsburg
Binder, Janine	Beamtin des Zivilen Einsatztrupps der Autobahnpolizei Köln
Birkhan, Michael	Abschnittsleiter am Einsatzdienststandort Lesum bei der Schutzpolizei der Hansestadt Bremen
Bressler, Markus	Beamter der Dienststelle Prostitution des Polizeipräsidiums Stuttgart
Brunner, Jasmin	Streifenbeamtin beim Polizeipräsidium Südosthessen in Offenbach
Ehrike, Detlef	Kriminalbeamter und Pressesprecher des Landeskriminalamts Niedersachsen in Hannover; Autor des Krimis »Im Labyrinth der Verbrechen«. *www.silberschnalle.de*
Hartig, Uwe	Kriminalbeamter im Kriminaldauerdienst der Polizeidirektion 2 in Berlin Spandau; Autor des Krimis »Nur der Mann im Mond schaut zu«. *www.diekommissare.de*

Heer, Elmar	Diensthundeführer beim Polizeipräsidium Mittelfranken in Nürnberg
Hefner, Ulrich	Streifenbeamter beim Polizeirevier Tauberbischofsheim; Gewinner des e-script-Preises 2002 des ZDF. Seinem Inselkrimi »Der Tod kommt in schwarz-lila« folgte im Frühjahr 2006 »Die Wiege des Windes«. *www.ulrichhefner.de*
Hofer, Jörg	Polizeibeamter im Sachgebiet Kriminalitätsbekämpfung bei der Polizeidirektion Heidelberg
Jahn, Kathrin	Kriminalbeamtin des Fachkommissariats 3 der Polizeiinspektion Nienburg
Köpper, Hans-Jochen	Dienstgruppenleiter beim Polizeirevier Titisee-Neustadt
Kuhlmann, Thiess	Kriminalbeamter beim Landeskriminalamt Hamburg
Kunz, Andreas	Dienstgruppenleiter beim Polizeipräsidium Stuttgart
Kucklick, Rüdiger	Beamter des Mobilen Einsatzkommandos Hamburg; verließ auf eigenen Wunsch 1978 die Polizei; lebt in Aalen, Baden-Württemberg
Löffler, Katrin	Kriminalbeamtin beim Dezernat für Kapitaldelikte des Polizeipräsidiums Stuttgart

Pütz, Vera	Wachdienstführerin bei der Polizeiinspektion West des Polizeipräsidiums Köln
Riemer, Lothar	Leiter der Abteilung Zentrale Dienste bei der Verkehrspolizeiinspektion Erding
Scharein, Kendy	Polizeikommissarsanwärter bei der Polizei Baden-Württemberg; derzeit Studium an der Hochschule der Polizei in Villingen-Schwenningen
Scherzer, Markus	Kriminalbeamter bei der Polizeidirektion Göppingen; zuvor 23 Jahre Beamter des Spezialeinsatzkommandos (SEK) Baden-Württemberg
Schmitt, Matthias	Streifenbeamter der Polizeiinspektion Mitte in Hannover
Schmitt-Kilian, Jörg	Langjähriger Rauschgiftfahnder beim Polizeipräsidium Koblenz. Veröffentlichung zahlreiche Bücher; u. a. »Vom Junkie zum Ironman«. Schmitt-Kilian bietet bundesweit und im benachbarten Ausland sein Drogenpräventionskonzept IMPULSE an. *www.schmitt-kilian.de*
Stotz, Werner	Kriminalbeamter bei der Polizeidirektion Ludwigsburg
Uhl, Volker	Kriminalbeamter und Konfliktberater bei der Polizeidirektion Ludwigsburg. Gründer der Polizei-Poeten; *www.polizei-poeten.de*

Welz, Helmut	Postenbeamter bei der Polizeidirektion Göppingen
Willers, Peter	Ermittlungsbeamter der Polizeistation Geesthacht
Woike, Tanja	Beamtin im Posten- und Streifendienst beim Polizeipräsidium Essen
Wolf, Hartmut	Gruppenführer bei der Einsatzhundertschaft des Polizeipräsidiums Stuttgart
Wünsch, Ingo	Leiter des Abteilungsstabes der Kreispolizeibehörde Düren; zuvor viele Jahre Dienstgruppenleiter im Kriminaldauerdienst

Wichtige Internetadressen:

www.polizei.de	offizielle Seite der deutschen Polizei
www.polifant.de	Polifant hilft traumatisierten Kindern
www.time4teen.de	Angebot der Polizei BW für Kinder und Jugendliche
www.gib-acht-imVerkehr.de	die Seite für Ihre Verkehrssicherheit
www.polizeistiftung-bw.de	unterstützt Polizeibeamte bei erlittenen erheblichen gesundheitlichen Nachteilen infolge der Dienstausübung
www.polizeiseelsorge.de	
www.maria-furtwaengler.de	die Seite von Maria Furtwängler
www.buendnis-fuer-kinder.de	»Bündnis Für Kinder – gegen Gewalt«
www.aerzte3Welt.de	Ärzte für die Dritte Welt

Voll Dankbarkeit und Anerkennung verneige ich mich vor

- *Ana Kreysing und Dirk Reiche für ihre unverzichtbare redaktionelle Mitarbeit*
- *dem Mut und Vertrauen der Autorinnen und Autoren des Buches, sowie den Kolleginnen und Kollegen, die ihre Erlebnisse in überwältigender Zahl für dieses Buchprojekt zur Auswahl stellten*
- *Suzanne Eichel für ihre Wohnmobiltour durchs weltmeisterschaftliche Deutschland, um einige Autoren mit der Kamera einzufangen*
- *den Kolleginnen und Kollegen von der Polizeidirektion, der Kripo und der Kriminalinspektion 3 in Ludwigsburg*
- *Timmo Neussner für seine unschätzbaren Dienste als Webmaster der Polizei-Poeten*
- *Katrin Reichelt für ihre kreative rote Tinte*
- *meiner Frau Susanne und unseren drei Kindern für ihre Geduld und Liebe; Liebe bedeutet, verzichten zu können*
- *dem Cowboy-Poeten*

SERIE PIPER

Die erste Leiche vergisst man nicht

Polizisten erzählen

Herausgegeben von Volker Uhl. Vorwort von Dietz-Werner Steck (»Kommissar Bienzle«). 224 Seiten mit Fotos von Suzanne Eichel. Serie Piper

Es gibt immer ein erstes Mal: der erste Raubüberfall, der erste Mord, der erste Suizid. Wie gehen Polizisten damit um, die jeden Tag dem Verbrechen ausgesetzt sind? Volker Uhl hat das Internet-Projekt »Polizei-Poeten« ins Leben gerufen und Kollegen dazu animiert, über ihre Arbeit zu schreiben. Sie berichten in kurzen Texten von ihren erschütternden Erlebnissen. Dabei zeigen sie sich als Menschen, die andere leiden und sterben sehen, weil es ihr Beruf mit sich bringt. Authentische, lebensnahe Geschichten mit eindrucksvollen Fotografien von Suzanne Eichel.

»Von schrecklich schöner Eindringlichkeit.«
ARD-Tagesthemen

05/1886/01/L

Sun Tsu (Sunzi)

Wahrhaft siegt, wer nicht kämpft

Die Kunst des Krieges. Herausgegeben von Thomas Cleary. Aus dem Amerikanischen von Ingrid Fischer-Schreiber. 224 Seiten. Serie Piper

Zu gewinnen, ohne zu kämpfen, das ist das Ideal dieses 2500 Jahre alten chinesischen Klassikers über die Kunst des Krieges. Die Strategeme des chinesischen Meisters Sun Tsu (Sunzi) für den Umgang mit Konflikten lassen sich in allen Lebenslagen anwenden. Eine unerschöpfliche Inspirationsquelle für die Durchsetzung bei Konflikten und im Umgang mit Entscheidungen.

»Wenn du die anderen und dich selbst kennst, wirst du auch in hundert Schlachten nicht in Gefahr schweben; wenn du die anderen nicht kennst und dich selbst nicht kennst, dann wirst du in jeder einzelnen Schlacht in Gefahr sein.«
Sun Tsu

05/1878/01/R

SERIE PIPER

Bert Ehgartner

Die Lebensformel

Sieben Voraussetzungen für ein glückliches lange Leben.
336 Seiten. Serie Piper

Warum gelingt es einigen Menschen, ein glückliches langes Leben zu führen, während andere chronisch krank werden oder früh sterben? Auf der Suche nach Antworten auf diese Fragen durchforstete Bert Ehgartner alle beweiskräftigen Langzeitstudien der Medizin und fand heraus, dass die Entscheidung in der Lebensmitte fällt. Menschen, die bis ins hohe Alter ein aktives Leben führen, erfüllen bereits Jahrzehnte davor sieben wichtige Voraussetzungen. Mit dem eigens für dieses Buch entwickelten großen Lebensformel-Test können Sie schon heute ermitteln, wo Ihre persönlichen Risiken und Stärken liegen. In einem einfach zu realisierenden Sieben-Punkte-Programm hilft Ihnen das Buch, den optimierten Lebensstil zu finden, der Sie zu einem genussvollen glücklichen Leben führt.

05/1991/01/L

Marc Aurel

Wege zu sich selbst

227 Seiten. Serie Piper

Marc Aurels Reflexionen sind eines der imposantesten Zeugnisse der abendländischen Kultur, und bis heute haben sie nichts von ihrer Faszination verloren. Die Gedanken und Aphorismen des »Philosophen auf dem Kaiserthron« kreisen um die Stellung und die Aufgaben des Menschen und die Verantwortung sich selbst und anderen gegenüber.
Bescheiden resümiert der römische Kaiser – fast zwanzig Jahre der mächtigste Mann der Welt: »Was ich eigentlich bin, ist ein bißchen Fleisch, ein wenig Atem und das leitende Prinzip meiner Seele.«

05/1589/01/R